But thou and thy father's house shall be destroyed:

もしかすると、この時のため

And who knoweth whether thou art come to the kingdom for such a time as this?

際に立つエステルとその勇気

遠藤嘉信
Yoshinobu Endo

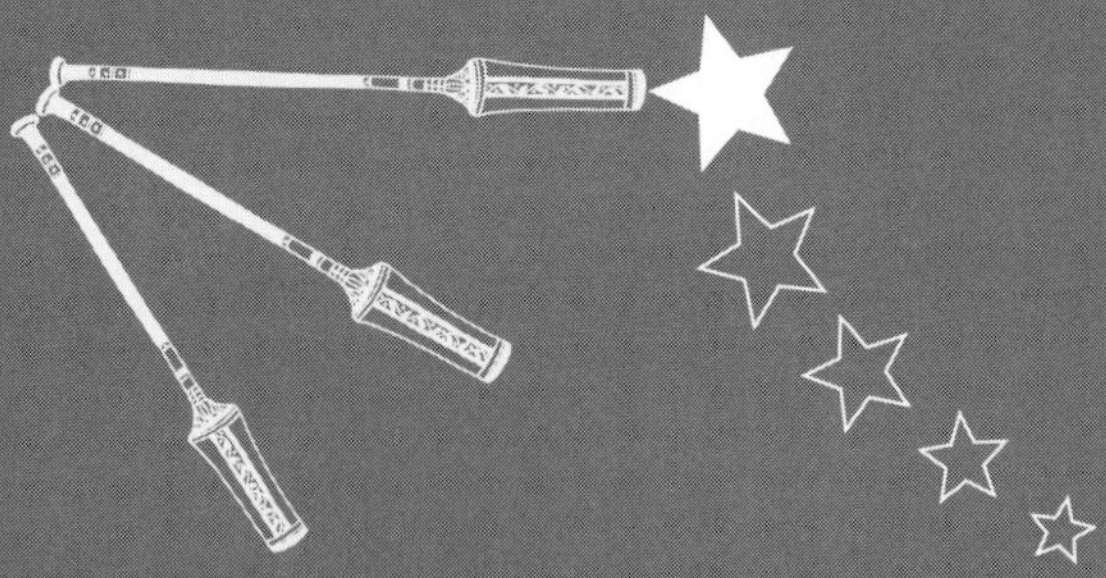

いのちのことば社

And who knoweth whether thou art come to the kingdom for such a time as thi

目次 contents

本文イラスト
田崎祐喜子

人の心のうちで働くもの

1　エステル記1章

エステル記は、ユダヤ人の間で最も親しまれている聖書の一つです。ユダヤ人にとってはベストセラーとも言われ、これ自体が多くの言語に翻訳されて、それぞれの地に住むユダヤ人たちの手元に置かれているそうです。

エステルという聡明な女性と彼女を養育したモルデカイという一人のユダヤ人が、知恵と勇気と信仰をもって、ユダヤ民族をその存亡の危機から救うというのがその大筋です。この歴史文書は、文学的な技術を駆使して、非常に劇的に記されています。

ユダヤ人たちは、毎年、この救済の出来事を記念する「プリム」と呼ばれる祭りを祝い、そのときにこの書を家族で朗読することを伝統としています。

私たちキリスト者はこの書からどのようなことを学ぶことができるのでしょうか。その内容が民俗的な問題に限定されているとすれば、私たちにとって、単なる一民族の歴史記録として見る以外にないでしょう。確かにプリムは極めて民俗的な祭りです。そう理解されたからでしょうか、七世紀まで、キリスト者の間ではこの書の注解書が書かれなかった、ということです。

けれども、よくよく観察すると、この書は異教世界の中で、見えざる神が、ご自分の契約の民を守り、支え、勝利へと導いてくださることを示す重要な書と見なすことができます。

これは創世記のヨセフ物語にも構造的によく似ていて、神の摂理と主権の問題を扱い、具体的な信仰者の歩みの中に神がどのように介在されるのかを非常に丁寧に教えてくれる書であることがわかります。そればかりか、この書は、神の民がこの世の緊張に際して、どう立ち向かい、どのようにあるべきかを具体的に指し示してくれています。

ここには、実際に神がかかわっているようには描かれていません。「神」という言葉すら用いられていません。けれども、事は偶然に導かれているのではありません。確かに神がおられます。そして、それと同時に、ここに活躍する人物が、神への信仰なしに事を進めようとしているわけではありません。

言葉では表現していなくても、そこに神の臨在と介入があり、見えざるお方への信仰があることを、この書の著者は、言外において明らかに示唆しているのです。信仰を持つ読者は、それを見逃すことがありません。そして、そのようにして、私たちの現実がそこにあるがままに描写され、私たちは容易にこのエステルとモルデカイの世界に共感し、共鳴することができるように目論《ろ》まれていると思われます。

これは決して神話でもフィクションでもありません。歴史を支配し、人間のあらゆる営みと心の動きの一切を天からご覧になる神がおられることを前提としています。そして、すべてを統《す》べ治められる全知全能の父なる神の見えざる御業《みわざ》の現実を私たちにわかりやすく描写する著者の巧妙さとでもいうべきものをここにはっきりと認めることができるのです。

さて、時代は、アハシュエロス王の治世のことである、と言います。アハシュエロスとは、ペルシヤ帝国のクセルクセス一世（ギリシヤ語の名前）のことだと考えられています。彼は父ダリヨス王の後継で、紀元前四八六年に王となり、二十年ほどの在位期間の後、四六五年に暗殺された、ということがわかっています。

これはその時の出来事です。その治世の第三年に非常に大きな宴会を催したということです。それがユダヤ民族存亡の危機を免れる大切な備えになるとは、誰も想像だにしなかったことでしょう。このエステル記の著者は、この宴会から話を始めます。

この最初の一章は、民俗的救済という偉大な出来事の序章としての役割を果たしています。「受難の民」であるユダヤ人はかつてバビロンに捕囚として連れて行かれましたが、ペルシヤ帝国のクロス大王によって解放され、故郷へと帰還することが許されました。やがて彼らは、妨害する敵と戦いながらも、神殿を修理し、城壁を修復します。そうしてエルサレムは霊的な意味においても新しい歩みを始めることになります。

けれども、この時代においては、まだ、大半のユダヤ人たちは、その場所に馴染んで、異国の地にそのまま残留していたということです。しかも、このペルシヤの時代には、ユダヤ人の中には非常に優れて社会的、経済的に成功した人々も大勢いたようです。こうした中で起こった新たなユダヤ人への迫害の出来事、それが、このエステル記の主題です。

今となってはイスラエルに国家をゆだねられるような王はいません。その一方でペルシヤの王は輝かしい王国の財宝ときらびやかな栄華を誇っていました。その宴会は百八十日に及んだ、と言います。つまり一年の半分を宴会に費やした、ということです。研究者は、これはギリシヤ遠征のための準備であって、その背後で会議が繰り返されていた、と考えています。

こうして宴会が最高潮に達すると、それに後続して加えられた、最後の七日間は、「すべての民のため」の「王宮の園の庭」でのいわばガーデンパーティーとなりました。それもまた驚くような豪勢な飾り付けと財の限りを尽くした装いが顕示されていました。

酒は好きなだけ振舞われ、すべてが法令に従って自由でした。そして、その一方で、王妃のワシュティも婦人たちのための宴会を主催していた、ということです。その酒宴がいかに豪勢なものであるかが丁寧に描写され、このアハシュエロス王の繁栄ぶりとその権勢の大きさが強調されて記されています。

こうして、すべての祝い事が滞りなく行われ、いよいよ最後の七日目になり、宴もたけなわという時に一つの事件が起こりました。

聖書の著者によれば、ぶどう酒が原因だということです。それによって心が陽気になった王は、七人の宦官に命じて、「王妃ワシュティに王冠をかぶらせ、彼女を王の前に連れて来るように」命じます（11節）。その理由は、自分の妻の美しさを誇示するためでした。それは、自分の財宝や栄華を示してきた、その最後のクライマックスであり、彼が最も重要と感じている彼の最高の宝の披露という意味合いがあったと思われます。

すべてが彼の財産であり、彼の所有物であったということでしょうか。彼はペルシヤとメディアの有力者、貴族、諸州の首長たちに彼の思い通りになるすべてを誇示し、人々の賞賛を求めたということでしょう。

ところが、この最後に及んで、自分の妻であるワシュティがその王の命令を拒んで来ようとしなかった、というのです。実際にはたわいもないことなのかもしれません。けれども、権力を手にした者にとって、それは重大な問題となるのです。自己顕示欲が満たされなければなりません。そして、すべてが自分の思い通りにならなければなりません。すべてが彼の手中に置かれる必要があり、すべてが彼に服従しなければならないのです。

だから、この王にとっては、招待されたすべての人々の面前で、プライドを傷つけられ、妻を従えることのできない非力な夫としての不名誉を被《こうむ》ったということになるわけです。他の一切は顕示することができました。けれども、自分の妻だけはどうにもならなかったということです。

王妃ワシュティの立場から考えて、どうなのでしょうか。

ワシュティは当然の権利を主張したと言えるかもしれません。酔った王の言いなりになって、王の誤った自己顕示欲を満たすために、自らを貶《おとし》めて見せものになることをよしとしなかったということでしょうか。言いなりになれば、人間としての尊厳や人格の否定につながらないでしょうか。妻は夫の所有物ではなく、彼女にも人として生きるための大切な権利と尊厳があります。だから、そういう意味で、この夫の言いなりにならなかったことは幸いであったと言えるかもしれません。たとい王の命令ということであっても、その権力に屈せず、人間としての尊厳を失うことがあってはなりません。

ひょっとして、夫というよりも王の命令という状況から考えて、その命令を拒否することは身の破滅につながることをワシュティは知りながら、あえて抵抗したということを考える立場もあるかもしれません。そして、その延長線上で、極端にワシュティを擁護するフェミニストの人々がいたとして不思議はないでしょう。ワシュティを女性解放のシンボルのように見る見方です。

けれども、それほど考え抜かれた彼女の判断があったかどうか、そのことに異論を唱える人もいます。もっと単純に考えて、彼女は疲れていたからだ、という考えもあります。婦人のための宴会を主催していたということがこれに関係しているでしょうか。そして、その接待から抜けられなかったということでもあるのかもしれません。

それとも、王と王妃という関係というよりも、妻と夫との関係ということにおいて、何らかの問題が生じていて、素直に夫の要求に応えたくはないワシュティの心の葛藤がそうさせたのかもしれません。

こうした理解の多くは、ワシュティの立場を擁護する方向に傾いています。しかし、その一方で、その反対に、この妻は、それを他意のない些細なことと考え、権力者である夫のわがままと弱さにつきあって、公的な夫の立場を守ろうと努め、愚かな命令に甘んじて、もっと賢く振舞い、事なきを得るという方法もあったのではないか、という捉え方もあります。

自分の権利を主張すること、全体としての益を考えるよりも、ただ自分の正しさを貫き通そうとすること、それによってバランスを崩し、かえって自分勝手な罪に陥ることも全くないとは言えません。こうした立場は、アハシュエロス王が相談相手として選んだメムカンという首長によって表明されている立場でもあります。

メムカンはアハシュエロスの七人の側近の一人で、法令と裁判に詳しく、王国の最高の地位についている者ということでした。彼は王の相談を受けて、実にみごとに、王の心にかなう進言をするのです。

メムカンは、王の語り口から、王妃を処分する方向での判断を求めていることに気づいています。そこで、王妃がしたことは悪いことであって、王に対してばかりか、全住民に対して問題であると言い放ちます。

国家の代表である王と王妃の問題は、一般の夫婦の問題に波及する、と言います。「女たちは自分の夫を軽く見るようになる」と説明します。公人としての責任という視点から、ワシュティへの適切な処分を求める進言をします。そして、それは王と首長たちの心にかなうこととなりました。

しかし、ここには微妙な問題があります。この問題に関して、厳密に言えば、どちらかに加担して、一方が善で、他方が全く悪であるというような単純な道徳的判断を下すことは控えなければならないと思われます。そして、聖書もそうした倫理的解説を一切していません。極めて冷静に事の成り行きだけをここに記録しています。

ただ、それでもどちらかと言えば、確かに弱い立場で、それ以上には沈黙せざるを得ないワシュティに同情票を投じる可能性のほうが高いようにも思えます。

けれども、いずれにせよ、その内面の深い所で、この王と王妃にはそれぞれに問題があり、堕落した人間が共通に持つプライドがあって、メンツを立てようとそれぞれに意地を張ったということではなかったでしょうか。もはや公人としての王であるとか、王妃であるということではありません。生身の人間として、そこに弱さがあり、その弱さを覆い隠す立場や言い訳としての権力や権利があるのです。

人間の深い所に潜む罪の性質は、時にメンツやプライドというかたちをとって、私たちの様々な行動の根源的な動機となるものです。そのことに私たちはなかなか気づきません。しかも、しばしば自分の内面の問題を無意識のうちに、見事に隠蔽し、自己欺瞞の罪に陥るのです。いつも自分の動機は正しいし、自分の判断はまちがってはいない、と思い込みます。

箴言の著者は、見事にその問題性を言い表しています。つまり、「人は自分の行いがことごとく純粋だと思う。しかし主は人のたましいの値うちをはかられる」(16・2)。そう語っています。

パウロはキリスト者としてその問題に気づいています。これはキリスト者でなければ、はっきりと気づかないことかもしれません。彼は言います。

「私は罪ある人間であり、売られて罪の下にある者です。私には、自分のしていることがわかりません。私は自分がしたいと思うことをしているのではなく、自分が憎むことを行っているからです」(ローマ7・14〜15)

彼は気づいています。自分がしたくないと思う悪を行っている、というこの罪の現実に気づいています。

「そういうわけで、私は、善をしたいと願っているのですが、その私に悪が宿っているという原理を見いだすのです」（ローマ7・21）

このことに本当に気づいている人は神の子とされたキリスト者だけではないでしょうか。そのことに気づいて悲しんでいる者の幸いを主イエスは語っておられました。気づかなければ、いつまでも自分を欺き、自己欺瞞の罪を犯し続けるでしょう。自分のプライドを必死で擁護し、どこまでも自分のメンツを立てようと頑張ることになるでしょう。聖なる神の前に置かれた本当の自分の姿を見ることができないということです。

誇りやプライドというのはしばしば良い意味で用いられますが、ここで問題となっているプライドは、高ぶりと密接に関係している事柄です。

ヤコブの手紙の4章には、「あなたがたはむなしい誇りをもって高ぶっています。そのような高ぶりは、すべて悪いことです」（16節）とあります。

主のために生きようとするのでも、主の栄光のために生きるのでもなく、ただ自分の立場を守ろうと必死になるのです。自分の尊厳にことさらに目を見張り、自分が傷つけられたり、自分が貶められることに耐え難さを持つとすれば、それはもはや主のために生きる生き方ではありません。

結局のところ、自分の栄光を求めているのです。たとい、「自分にも弱さはあります」とかろうじて言い得ても、その後で「でも」と言って、前半の自分の弱さを完全に割り引いて、結局「でも」という言葉の後に意識が集中してしまいます。主の前で自分を卑下することができません。神の栄光のために生きるという人間本来に備わった生き方を自分ではすることができません。

主は語っておられました。

「自分から語る者は、自分の栄光を求めます。しかし自分を遣わした方の栄光を求める者は真実であり、その人には不正がありません」（ヨハネ7・18）

これがイエスの指し示した真実を見分ける方法です。

誰かが何かを主張しているとして、その主張が神の栄光を求めようとしてのことなのかどうか、それとも個人的な益、人間的な利潤を追求しようとしてのことなのか、あるいは共同体の利益ということをも含めて、それよりも神の栄光を求めてのことかどうか、それによって、その人の正しさや真実がわかると言われました。

その人が自分の考えと自分の意見を述べようとしているのか、それとも本心から神の御心を求めているのかどうか、聖書に従って、神のみことばを語ろうとしているのかどうか、それが見分ける方法だ、と言うのです。

権力者であるアハシュエロスはその権力を用いて、法令を定め、「ワシュティはアハシュエロス王の前に出てはならない」という勅令を書簡にして出しました。また、この問題を機に、「男子はみな、一家の主人となること、また、自分の民族のことばで話すこと」を命じた、とあります（19〜22節）。

家族の安泰と国家の安泰が結びつけられ、夫権を回復させ、秩序を保つという大義名分が立つかたちがとられました。しかし、これによってもっと個人的で根源的な問題は隠蔽されてしまいました。

英国の宗教改革において、国王ヘンリー八世がローマ・カトリックから離れ、プロテスタントになった理由に離婚問題があったことを思い出します。極めて個人的な問題から、英国がプロテスタントを国教とするようになる、という歴史的な出来事の背後に、人の罪の問題が潜んでいたのです。

この後ワシュティがどうなったかは何も書かれていません。王の前に現れなかったワシュティに、二度と王の前に現れないようにという処分が下されました。こうした神なき異教の世界の王宮で起こった一つの出来事です。

しかし、こうしたことはどこにおいても起こることだろうと思われます。堕落した私たちの良心や尊厳、誇り、プライド、そうしたものは、常に私たちを造られた父なる神にささげられることなく、自分がしっかりと握り締める方向に向かいます。しかも、容易に自分を欺いて、それを美しく見せることすらしてしまいます。

こうした弱さに気づくことの幸いを思います。この気づきは、自分を見つめるだけでは不可能です。神の聖さを知らなければ、そして、聖なる神の栄光の臨在の前に引き出されなければ、そのことへの気づきは与えられません。

「そういうわけで、私は、善をしたいと願っているのですが、その私に悪が宿っているという原理を見いだすのです」

この「私に悪が宿っているという原理」を私たちも見出すこと、そこからすべての癒しと赦しが始まることを改めて覚えたいと思います。

権威と権力の傘のもとで、あらゆる富と栄華を顕示し、「酒で心が陽気になったアハシュエロス」がなした高ぶりやおごり、調子に乗りすぎた軽率な態度。ワシュティの拒絶の背後にあるもの。王のプライドと憤り、メムカンの隠蔽工作、様々な人間の感情や思惑、そしてそれゆえの判断。人の心のうちで働くものとは何でしょう。

もう一度あの箴言の言葉に目を留めたいと思います。

「人は自分の行いがことごとく純粋だと思う。しかし主は人のたましいの値うちをはかられる」

問われれば、弁明する何ものをも持ち合わせていません。それに気づいて、主の前に悔い改めること、御霊の助けを常に求めること、それでしか私たちに救いの道はないことを私たちは知る必要があると思います。

そして、その罪の弱さのために、キリストが十字架で私たちの代わりに命をお捨てになったことを確認したいと思います。その事実を知るとき、私たちの歩みはさらに豊かな歩みへと導かれていきます。

加えて、このような人の愚かさの中で、遠く離れた異教世界にあって、しかし神は働いておられることを同時に覚えたいと思います。この首長であるメムカンが提案した言葉、「王は王妃の位を彼女よりもすぐれた婦人に授けてください」（19節）という提案。これによって、やがてエステルというユダヤ人の女性が、そのままでは考えられないような高い立場へと昇格し、ここに導かれてくるということです。

アハシュエロスが宴会を催したこと、酒で陽気になって、妙な提案をしたこと、ワシュティがそれを拒絶したこと、そしてメムカンが進言したこと、これらの一切の背後で、まだ起こってもいないイスラエル民族の危機を救う備えが進められていることを同時に考えるように招かれています。これが聖書の教えようとしている神の介在の仕方、そして神の摂理という教理が指し示していることです。

人の心のうちで働く罪の性質に対する正当化はありません。キリストにあって赦しを求めないのであれば、蒔いたものは自分で刈り取らなければなりません。

けれども、その罪の問題に気づいていることは、繰り返しますが、幸いなことです。そして、それと同時に、人の悪の問題の背後で、神はそのような愚かさに少しも邪魔をされずに、神の民の救いに心を配り、その救いの御業を初めから備えておられるということです。

恵みは常に先行しています。人は自分のしていることがわかりません。何をしているのかわからないのです。けれども、神は、そういう弱さを抱えた私たちを愛していてくださり、私たちの本当の必要のために心を砕いていてくださる、ということです。

だから、神にあって、神の臨在の前で真の自分自身の姿を見ること、そして、神の御業に信頼してゆだねること、そのことを聖霊の助けをいただいて求めて参りたいと思います。主は初めから私たちを愛していてくださっています。

2 どうされるかを知ろうと

エステル記2章

詩篇の37篇の3節に「主に信頼して善を行え。地に住み、誠実を養え」という有名なみことばがあります。私たちキリスト者の生き方を見事に表現しているみことばだと思います。

この詩篇の作者は、漠然と「主に信頼せよ」と言うのではありません。この詩篇の始まりにおいて、「悪を行う者に対して腹を立てるな。不正を行う者に対してねたみを起こすな」（1節）と言います。

つまり、作者は、自分の歩みの中に、「悪を行う者」「不正を行う者」の存在を意識しているということです。この信仰者には戦いがあり、緊張があるのです。彼は明らかに課題を抱えているのです。

課題を抱えると、私たちはすぐに反応します。何とかしなければならないと思います。そのま

までは いられません。その解決に乗り出そうとします。これが私たちでもあります。

ところが、この人は神からの新しい視点を与えられていると言ったらよいでしょうか。そこに見えざる神の臨在を意識しているのです。だから、「彼らは草のようにたちまちしおれ、青草のように枯れるのだ」(2節)と言います。

神の臨在を信じ、またその神のご性質をよく知っている人は、問題に直面しても、立ち止まって考えることができるということでしょうか。自分が「悪」だと考えること、「不正」だと感じることがあっても、もしそれが本当に「悪」であり「不正」であるとすれば、やがて神はそのことに立ち向かわれるはずであるという確信を持っています。

問題だと感じることがあっても、どこまでも善であられる神を知って、そのお方と交わりを持っているならば、課題を与えられたとして、それが究極的には神の御介入によって解決へと向かうと信じています。

あるいは、今は、そのことの意味はわからないにせよ、それがきっと私にとっての恵みとなり、祝福となり、幸いな成長へとつながることであると信じることができるというのです。

逆にこういう言い方ができるかもしれません。神を信じない人、聖なる神の臨在を知らない人は、不快なこと、問題と感じることに直面すると、すぐに不平不満を露骨に表します。詩篇の作者の言葉で言えば、「腹を立て」「ねたみを起こ」します。見えざる神の介在を信じられないので、代わりに自分で解決に乗り出します。敵と感じる存在に対して憤りを感じ、策略を巡らし、攻撃の体勢を整えます。仲間を見つけ、密かに密談し、機会を待ちます。

結果として、悪と思えること、問題と感じることに、同じ悪をもって報いようとしてしまいます。そうした弱さに熟知している詩篇の作者は、「悪を行う者に対して腹を立てるな。不正を行う者に対してねたみを起こすな」と言うのです。

ここに聖書の驚くような分析の鋭さがあります。

そして、この脈絡の中で、この詩篇の作者は、「主に信頼して善を行え」と言うのです。どうあっても、あなたは良きことの中に生きるように、と勧めるのです。あなたは徹底して良いことを選び取りなさい、と言います。それが主に信頼することだ、と教えられています。「腹を立て」「ねたみを起こす」ならば、あなたは主を信頼していることにはならない。あなたは主を信じていない。ひょっとして、あなたは、そうすることで、結局「悪を行う者」「不正を行う者」の側に立っているかもしれない、と言われているのです。

それから、「地に住み、誠実を養え」と続くのです。一方において、私たちは「旅人であり寄留者」であるとも言われています（ヘブル11・13）。私たちは天の御国を目指して、この地上を信仰をもって旅する神の国の民です。天の御国にこそ私たちの住むべき住まいがあります。

だから、この世に宝を蓄えるような生き方や、この世に家を建ててそこに住み着いてしまうというような生き方をしません。そのような比喩が示す、この世のものへの極端な執着はありません。

けれども、だからといって、厭世的になって、この地上のことをなおざりにしたり、片手間にその場しのぎの生き方をするわけではありません。地のあらゆる問題に無頓着であってよい、ということではありません。

御国を目指す者は、むしろこの世に対して無責任な生き方をしない、ということです。問題や課題に対して、すぐに反応して、自分勝手な行動をとるようなことはしませんが、それでもこの地上に置かれた以上、それに対する責任をもった生き方が求められているということです。

地上に属さないからといって、地上のことに責任をとらないということではありません。主からゆだねられた尊い使命があります。その使命とそれに伴う課題の中で、あなたの誠実さを養え、と言われています。

地の塩、世の光としての大切な使命は、この地に本質的には属していないにしても、この地に神の祝福をもたらすための働きとして、十分に果たされなければなりません。神の栄光を表すための地上における誠実な歩み、それこそが、「地に住む」ということの意味です。

地に住まずに、適当なかかわりを持って、その場をやり過ごすような歩みであるならば、神の国の民としてふさわしくはない、ということでしょうか。先へと心が向かうために、今をおろそかにしてしまうならば、それは「地に住む」ということになりません。私たちは御国を目指す信仰者として、御国の王である神に対する誠実さをこの地で養うように、と勧められています。

前置きが長くなりましたが、エステル記の2章に目を向けたいと思います。

ペルシヤの王アハシュエロスが、王の命令に従わなかった王妃ワシュティを退けました。そこで、このワシュテイに代わる王妃を探す作業が始められたのです。そのための役人が任命され、宦官へガイという人物がこの管理責任をとることになりました。

そういう状況の中で、モルデカイという一人のユダヤ人が神に用いられようとしているのです。「ベニヤミン人キシュの子シムイの子ヤイルの子」との解説があり、サウル王との関係を思い出させますが、具体的なことはよくわかっていません。ともかく、この人は、捕囚の民としてエルサレムから捕らえ移されたユダヤ人の子孫で、このペルシヤの地で生まれ育った人です。

このモルデカイは、「おじの娘ハダサ、すなわちエステルを養育していた」ということです。モルデカイは、エステルと「いとこ」の関係でもありますが、両親のいないエステルを引き取って、自分の養女として育てていた、というのです。

このエステルの容姿はとても素晴らしかったと言います。人格的にも優れていて、もって生まれた良いものをたくさん持ち合わせていたようです。それと同時に、モルデカイによって、十分な教育や訓練がなされていた、と考えられます。

エステルは、すぐにヘガイの目にとまり、彼の心にかない、彼の好意を得たと書かれています。大勢の女性たちが、シュシャンの城に招聘され、ヘガイの管理のもとで、王のもとに行くための準備を強いられました。12節によれば、六か月は没薬の油で、次の六か月は、香料と婦人の化粧に必要な品々で化粧すること、とあります。それは古代ペルシヤのしきたりでした。

このユダヤ人のエステルがペルシヤの王のもとに連れて行かれることを喜んでいたかどうか、それはわかりません。しかし、当時ペルシヤに住む者にとって、王の命令が法令として伝えられたときには、それは絶対であったと考えられます。だから、その法令に従う以外にありません。強いられたとして、そこでの新たな活路を見出す以外にありませんでした。

けれども、ヘガイはエステルを特別に扱いました。彼女の将来の可能性を見抜いていたのでしょうか。こうしておけば、間違いなくヘガイはエステルが王妃となったあかつきには、報いが受けられます。彼は、王宮から選ばれた七人の侍女をエステルにあてがい、婦人部屋の最も良い所へ移したといいます。

この時、モルデカイは、エステルに、彼女の素性を明かさないように命じていました。それをエステルは忠実に守りました。彼女は、養父に対して非常に従順でした。「エステルは自分の民族をも、自分の生まれをも明かさなかった」（10節）とあります。

この時代、ユダヤ人は、ペルシヤの人々の中にあって、非常な緊張を強いられていたと思われます。彼らはバビロンに敗北して捕囚の民として連行され、その土地に寄留している人々です。政権が変わり、ペルシヤがその国を支配するようになりましたが、依然としてその土地に寄留している外国人です。

ところが不思議に様々な領域で才に秀でて活躍するユダヤ人が大勢いたようです。それで、その土地の人々から嫉《ねた》まれたり、嫌われることがしばしばあったようです。弱者はどこまでも弱者でなければならない、という普遍的な心理が働くのです。憐れむ者が憐れまれる者の優位に立っていないとどうにも収まらないということがあるのです。

寄留させてもらっている民は遠慮がちに静かにしていなければなりません。強い発言は控えなければならないでしょう。特に、この異教徒の宮廷にあってはなおさら特別の緊張を強いられていたということではないかと思われます。

ユダヤ人に対する嫉みと偏見は、エステルを評価する際に極めて不利に働くことでしょう。まして、落ち度があって、訴える口実を与えてしまえば、エステルは誰よりも厳しい局面に立たせられることでしょう。特に権威ある人々の機嫌をそこねれば、それこそ民族が根絶やしにされるという可能性も考えられなくもありません。

実際に、モルデカイ自身がこれから直面することは、まさにそういう問題です。それで、モルデカイはエステルに素性を明かさせませんでした。

けれども、モルデカイ自身は自分の素性を隠すことはしませんでした。彼は、誇りをもってどこまでも神の選びの民としての自分の立場を公にし続けたようです。そのことが3章の4節に記されています。

しかし、エステルはモルデカイの命令に従順に従いました。これはエステルの意思ではなく、モルデカイの特別な考えに基づくものであった、ということなのです。だから、エステルは時至って、モルデカイの許可を得ると、ついに勇気を振り絞って、死を覚悟で自らを公にすることになるのです。

この従順さ、そして勇気、これもエステルの美徳なのです。そして、モルデカイはこの養女をふさわしく育てていました。

こうした戦いと緊張の中で、神への信仰者はどうするのでしょうか。最愛のエステルを異教徒の宮廷に送ったモルデカイは心配で仕方がなかったようです。11節に、「モルデカイは毎日婦人部屋の庭の前を歩き回り、エステルの安否と、彼女がどうされるかを知ろうとしていた」と書かれています。

当然のごとく普通の親のように心配しています。それほどまでに養父としてのモルデカイはエステルを愛していました。

信仰者であれば、神に信頼しているから何も心配しないということではありません。心配は心配です。原文では、エステルの「シャローム」(平和)を知ろうとしていた、と書かれています。まさに彼女の安否を気づかっているのです。

けれども、それだけではありません。彼女がどうされるのかを知ろうとしていました。モルデカイは問わずにはいられなかったのではないかと思います。つまり、この先どういう方向に事が進むのか。そしてそれにはどんな意味があるのかということです。

私たちは起こっている事柄に対して意味を問う存在です。なぜなのか。どうしてこのようなことが起こったのか。これにはどんな意味と理由があるのか。神のご計画や摂理を信じる者にとっては、それは深刻な問いであります。

ヤコブ書の4章には、「あなたがたには、あすのことはわからないのです。あなたがたのいのちは、いったいどのようなものですか。あなたがたは、しばらくの間現れて、それから消えてしまう霧にすぎません」(14節)というみことばがあります。それがまさに私たちの現実です。

けれども、同時に、「神を愛する人々、すなわち、神のご計画に従って召された人々のためには、神がすべてのことを働かせて益としてくださることを、私たちは知っています」というパウロの言葉も与えられています(ローマ8・28)。そしてそれも本当に真実です。

とすれば、信仰者は、すべてを働かせて益としてくださるという神のみことばを信じて、やがて明かされるであろう、神のご計画の全体を知りたいと願うのです。

今、直面している問題や困難の背後にあるその意味を求めて、それを追究します。それにはどんな意味があるのか。そして、やがての益となるとして、どんな祝福や希望につながるのか、ということです。そうやって、期待しながら、すべてを待ち望みます。

すべてのことが偶然から偶然へと導かれていると考えるわけにはいきません。そして、すべてを肯定的に、つまり「(すべてが働いて) 益となる」という希望の視点からずっと追究していくのです。

モルデカイは追究しているのです。だから、後になって、いよいよ危機に直面したときに、彼はエステルに向かって、「あなたがこの王国に来たのは、もしかすると、この時のためであるかもしれない」(4・14) と訴えるのです。

エステルの存在の意味を巡って、彼はずっと追究してきました。しかも、神の摂理の中で、事はすべて信仰者の恵みとなることを信じながら、人の目に隠されている神の御業を見届けようとじっと事の成り行きを観察しているのです。

確かに心配をぬぐうことはできません。心の動揺はあります。けれども、「神を愛する人々、すなわち、神のご計画に従って召された人々のためには、神がすべてのことを働かせて益としてくださる」と信じているのです。

私たちの今の戦い。私たちが抱えている痛みの問題。緊張。敵の存在。病。悲しみの現実。そうしたありとあらゆる困難。これらの一切が主のご目的の中で許されたことであるとすれば、それらには大切な意味があります。それらの一つ一つが働いて、私たちの益となると聖書が教えているのです。

だから、それらが神が描いておられる私の人生のシナリオの中でどのようにつながっていくのか、ということを考え、期待し、待ち望むのです。

私たちの今の視点からは、確かに、明日のことはわかりません。けれども、それが意味を持たず、ただ断片的に起こった偶然の出来事、と考えることはしません。それらには意味があり、やがて、私たちに与えられた神の恵みと祝福のシナリオの構成要素の一つ一つであること、それらには見事なつながりがあることを知って幸いを覚えることになるのです。

「モルデカイは毎日婦人部屋の庭の前を歩き回り、エステルの安否と、彼女がどうされるかを知ろうとしていた」

彼はエステルの今を案じながら、けれども、やがてどんな展開となるのか、そして自分が彼女を養女として訓練し、心を込めて育ててきたその意味をも含めて、彼女の存在にどんな主のご計画があるのかを積極的に問うていたということです。

断片的に見える様々な課題に戦いを覚え、意味を見出せずに悩むことがあります。クロスステッチの裏側を見せられると、訳のわからないごちゃごちゃとした模様にやる気が失せてしまうことがあるかもしれません。モザイク模様も近視眼的に近くで見れば、少しも美しく思えないのです。一枚一枚板をはめていく地道な作業に疲れを覚えます。そうした細かなことをやり過ごして、とにかく早く先へと進みたいと感じます。

けれども、やがてクロスステッチの完成した表を見せられる時が来るということです。ついには、でき上がったモザイクの全体を遠く離れた視点から驚きと感動をもって眺める時が来ると聖書が約束しているのです。

エステルはモルデカイの教育と訓練によって、養父のもとを離れても、彼女自身のあり方をくずしませんでした。特別な待遇を受けて、願うものが何でも与えられるという、そういう特権を得ても、「宦官へガイの勧めたもののほかは、何一つ求めなかった」（15節）とあります。従順であること。自制する心。無欲であること。彼女は、「すべての者から好意を受けていた」（15節）と言います。

こうして「エステルがアハシュエロス王の王宮に召されたのは、王の治世の第七年の第十の月、すなわちテベテの月であった」（16節）とあります。宴会が催されたのが王の治世の第三年ということでしたから、王妃ワシュティが退けられて、その四年が経過したということです。

事は四年前に始まっていました。神のご計画がそうした時間的スパンの中で進められていたということです。そして、「王はほかのどの女たちよりもエステルを愛した」（17節）と言います。

それは決して人間の努力によるものではありません。これを偶然と見なすことができるでしょうか。ユダヤ人の女性が他の多くの女性たちを尻目に、ペルシヤの王の寵愛を受け、ついに王冠を勝ち得、ワシュティの代わりに王妃とされるのです。

けれども、これですべてが終わりではありません。実際には、これから本格的な神のご計画が遂行されるのです。依然として断片的な緊張の出来事がエステルやモルデカイの前に立ちはだかり、信仰者としての判断を求められるのです。

まだ、それら一つ一つの出来事のつながりは見えて来ることはありません。それでも、この二人は主の遠大なご計画の中枢に置かれているのです。

19節に「娘たちが二度目に集められたとき」とありますが、どれを一度目と考え、どの時のことを指しているのか判断が難しいとされています。ただ、この時、「モルデカイは王の門のところにすわっていた」と言います。

一方で、モルデカイは、エステルの身を案じながら、神のご計画がどう展開していくのかを考えています。エステルが王妃になったという一つのステップを踏んでも、依然としてその意味を考え続けていたのではなかったでしょうか。

だから、エステルにその素性を明かしてもよいとの許可を与えません。20節で、「エステルはモルデカイに養育されていた時と同じように、彼の言いつけに従っていた」と書かれています。

モルデカイもエステルも自分で先へと進むことをしません。

結果として、時の熟するのをじっと待っていることになりました。モルデカイの養育は、モルデカイの手を離れて独立したエステルの中にずっと生き続けているのです。

そうした中で、王の門の入り口を守っていた王の二人の宦官が、アハシュエロス王の殺害を目論む相談をしていた、ということです。不思議な摂理の中でモルデカイはこれを知りました。それで、彼はその謀反の計画をエステルに知らせ、エステルは誠実に、モルデカイの名で王に伝えた、というのです。

彼は寄留者として決して傍観者に徹することをしません。そうではなく、その国の王と国家の安泰のために尽力し、善をなし、誠実を養っているのです。そして、この事実が検証され、明らかとなり、この謀反人たちは死刑となりました。こうして、これらのことが王の年代記に記録されたというのです。

この出来事は、この時点において極めて断片的なエピソードとして記されており、それがどんな意味を持ってくるのか、モルデカイやエステルにとっても、そして読者の私たちすらも予想することができません。文学の用語で言えば、「サスペンド」（宙づり）されるということです。しかも、モルデカイはこの時点で何の顧みも与えられていません。

私たちの現実の中でしばしば経験させられることのように、すぐに結論を見ることがないのです。

あのヨセフ物語の中で、ヨセフが牢獄にあって、二人の囚人のそれぞれの夢を解き明かしましたが、すぐに事が進展せず、ヨセフが牢の中に依然として置かれていたということとよく似ています。ところが、こうしたそれぞれの出来事が、やがて信仰者の歩みの中で決定的な役割を果たすことになるのです。

恵みの主の摂理を信じて、どのように主のご計画が進展していくのか、その意味やつながりを期待して積極的に主の御心を追究しようとする態度、そして、その上で、今の現実に誠実に忠実に歩もうとする生き方、そこに真の意味での主への信頼があるということではないでしょうか。

不安はあります。苦痛に耐えなければならないこともあります。傷つくこともあるでしょう。事の複雑な一進一退の展開に一喜一憂する私たちです。

けれども、父なる神は私たちをご自身の民として本当に愛していてくださいます。たとい主の愛に十分に応えられない貧しい信仰の私たちであったとしても、私たちを救ってくださった以上、神は私たちの魂の責任を取ってくださり、その恵みのご目的のために私たちを最善に導いてくださいます。

「神を愛する人々、すなわち、神のご計画に従って召された人々のためには、神がすべてのことを働かせて益としてくださる」との確信は私たちをどこへいざなうのでしょうか。「主に信頼して善を行え。地に住み、誠実を養え」ということではないでしょうか。
私たちが主のものとされていることに感謝したいと思います。

3 彼らの法令は、どの民族のものとも違っていて

エステル記3章

「カイザルのものはカイザルに返しなさい。そして神のものは神に返しなさい」とイエスは言われました（マタイ22・21）。これは私たちがこの世を生きる上で多くの示唆を与えてくれる大切なみことばの一つです。

律法学者たちが、イエスを陥れようと策を練って、ローマ皇帝に税金を納めるべきかどうか、その妥当性を巡って、律法からの判断を求めたのです。税を拒否すればローマに逆らう者として訴える口実となり、是認すれば、ユダヤ人の反感の材料を得ることができます。

しかし、主は、「カイザルのものはカイザルに返しなさい。そして神のものは神に返しなさい」と言われ、その判断を彼らにゆだねられました。何がカイザルのもので、何が神のものなのか、ということです。そして、それと同時に、彼らの矛盾をあばかれたのです。

つまり、彼らの所有しているデナリ銀貨の肖像と銘を指し示して、そうした貨幣を利用し、その経済システムの恩恵に与《あずか》っていながら、どっちつかずに生きる彼らには、他人に二者択一の判断を求める資格のないこと、その矛盾を指摘されたのです。

それはそうとして、この世に生きるキリスト者として、私たちは、この世に対する責任と神から与えられた使命や任務という二つの側面において、やはり、「カイザルのものはカイザルに返しなさい。そして神のものは神に返しなさい」というみことばに基づいて、その判断を巡る挑戦を受けていると思います。

しかも、究極においては、世にある使命に生きるということにおいても、全面的に「神にお返しする」という生き方を選び取っていくことが求められているのではないでしょうか。

それは、どうあっても神のみことばに従って生きるということと無関係ではありません。といって、幾つかの聖句を覚えて、そのみことばをモットーとして掲げ、いわば「自分はキリスト教主義でやっていく」というようなこととは違います。

みことばが神の口を通して語られたこととして、そこに示された神の御心や御思いに応答して、神と交わりながら、神とともに歩むということなのです。神の望まれることは、私たちの喜びであり、神の望まれないことは、私たちも喜びとしません。そういう意味で、私たちに対する神の語りかけとしてのみことば、そこに表されている神の御思いにこだわり続けるのです。

信仰者の内面には、すでに神の国の支配が及んでいます。そして、そこには、神の国の法律があって、その法律に従い、それに生きることこそが神の栄光へとつながり、そして私たちの真の祝福となると信じています。

だから、ある意味で、こういう言い方もできるでしょう。つまり、神の国の法律と抵触しない限りにおいて、この世の支配者であるカイザルのものはカイザルへと返します。

しかし、私たちの世界と私たちの内面に始められた王国の、その支配者である神のものは、ふさわしく神へとお返ししなければなりません。それゆえに、もしカイザルが神の国の法に反する命令を下すようなことがあれば、私たちはそれを拒否することになるでしょう。

けれども、もっと言えば、カイザルに関することですらも、神の御旨を行うためであって、また神の栄光のためにそれをなすということではないでしょうか。

モルデカイという人は、ペルシヤの国で、ユダヤ人としてのアイデンティティをしっかりと保ち続けている人でした。それと同時に、異教徒の国ペルシヤにも誠実に仕える人でした。当時の王であるアハシュエロス王を殺害する陰謀を耳にすると、それを王妃となったエステルに報告し、この陰謀を食い止めました。

モルデカイは、すべての民に祝福をもたらす神の使者として、このペルシヤに仕えていました。

そのような出来事の後で、なぜか理由は書かれていませんが、アハシュエロス王が、アガグ人ハメダタの子ハマンを昇進させた、ということでした。

私たちの期待を裏切るかのような、そのような著者の書き方を認めることができます。つまり、この忠実なモルデカイではなく、ハマンが昇格した、というのです。しかも、王の命令で、「王の門のところにいる王の家来たちはみな、ハマンに対してひざをかがめてひれ伏した」（2節）というのです。

人の賞賛を権力で得たとしてそこに何の意味があるのでしょうか。この人に尊敬に値する何かがあるわけでも、その業績が示されているわけでもありません。むしろ、この後に記されているこの人の陰湿で残酷極まりない行動から判断して、人格的にゆがんだ、惨めな人物のように思えるのです。

アハシュエロスはこの人のことを見抜くことができなかったのでしょうか。彼の人物を評価する洞察力のなさを思います。

結局、大勢の人々が、権力によって無理矢理に押さえつけられ、これに屈しなければならない屈辱を味わうことになったと言えるかもしれません。そうではあっても、誰一人王に逆らって、これに抵抗することはできません。矛盾を感じながらも、身の安全を最優先し、人々はハマンが現れるとひざをかがめてひれ伏しました。

ところが、「モルデカイはひざもかがめず、ひれ伏そうともしなかった」（2節）と書かれています。なぜモルデカイはそうしなかったのでしょうか。聖書は明確には何も語りません。また、王の門のところにいる王の家来たちも不思議に思いました。「あなたはなぜ、王の命令にそむくのか」（3節）。そう尋ねています。けれども、モルデカイはそれに答えようともしませんでした。

この理由を巡って、幾つかの意見があります。

一つはモーセの十戒の第一戒と第二戒を破ることになるから、という考え方です。「わたしのほかに、ほかの神々があってはならない」という戒め。そして、「偶像を造ってはならない。……それらを拝んではならない」という二つの戒めです（出エジプト20・3〜5）。ハマンにひざをかがめてひれ伏すというのは、ハマンを偶像化し、これに拝礼することを意味していた、というわけです。

確かにここで用いられている「ひれ伏す」という動詞は、礼拝の意味で用いられている言葉です。けれども、それ以外の意味で用いられることもありますし、権力者に敬意を表すことが、聖書全体の理解からして、そのまま礼拝行為となると考えたかどうかは難しいところです。

また、ある注解者は、モルデカイは不遜であったからか、あるいは単にハマンが嫌いだったからである、と言います。ここではモルデカイの弱さがそのまま記録されていて、その中で神が摂理的な御業を行われたのだ、と説明されます。

けれども、登場人物の性格描写といった文学的な視点から考えて、モルデカイは高潔な性格を持つ人物として一貫して描かれていて、そこに不遜さであるとか、好き嫌いで行動するような、そのような否定的な側面を認めることはできません。

さらにはユダヤ教の文書であるタルグムとかミドラシュと呼ばれる解説書によれば、ハマンが自分の神的な立場を表明していたのだとか、彼の衣服の胸か袖に神の像を折り込んでいたからだというのです。こういう説明の仕方はユダヤ教らしいやり方です。けれども、そのような理解をサポートする手がかりは聖書のどこにもありません。

この聖書の著者は確かに明確な理由を語ってはいません。けれども、実は、よく観察すると、そこに大切なヒントを残しているのです。それは、このハマンの素性を示すための丁寧な解説に見出されます。

彼は、アガグ人ハメダタの子である、とあります。この表現はこの最初に言及されるだけではなく、読者に印象づけるために何度も繰り返されるのです。10節を見ますと、「アガグ人ハメダタの子で、ユダヤ人の敵であるハマン」と記されています。加えて8章で二回、9章で二回も、これと類似した表現で、ハマンがアガグ人であることが強調されているのです。

アガグとは、第一サムエル記の15章に記されているアマレクの王の名前です。イスラエルの王であったサウルは、サムエルに、アマレクを打って、この民を聖絶するように命じられました。

それは、それよりもはるか以前の出エジプトの時代に、イスラエルに対してアマレクが敵対し、神の民を苦しめたことに関係していました。モーセが神の杖をもって、手を上げている時には、イスラエルが優勢になり、疲れて手を下ろすと、アマレクが優勢になりました。そこで、アロンとフルという人物が、モーセの手を両側から支え、そうしてヨシュアが勝利を収めたというあのエピソードです。

その時、神は、「このことを記録として、書き物に書きしるし」すように命じ、「わたしはアマレクの記憶を天の下から完全に消し去ってしまう」と言われました。また、モーセは、「主は代々にわたってアマレクと戦われる」と言いました（出エジプト17・8〜16）。

サムエルはこのみことばを重んじ、この時、アマレクを完全に聖絶するようにサウルに命じたのです。ところが、サウルは、アガグと、最も良い家畜動物を惜しんで、これらを聖絶するのを好まず、アガグを生かし、つまらない、値打ちのないものだけを聖絶してことを済ませようとしました。

サウルは主の命令に従わず、主の目の前に悪を行い、しかも、「主に、いけにえをささげるために、聖絶すべき物の最上の物として、分捕り物の中から、羊と牛を取って来たのです」と弁解しました（Ｉサムエル15・21）。

現代の私たちにとって「聖絶」という倫理的に理解し難い課題はありますが、「絶対者である神が命じられた」という、この特別の事情の中で、この問題を見なければなりません。その中で、サウルは神の御声に従わず、主のことばを割り引いて、これを退け、そこに自分の解釈を打ち出しました。その結果、この事件が最大の要因となって、彼は王位から退けられてしまうのです。

ユダヤ人はこうした不名誉な不信仰の歴史を負っているのです。そして、アガグ人は、そのアマレクの王の子孫であるということでした。しかも、モルデカイは、ユダヤ人の中でも、「ベニヤミン人キシュの子シムイの子ヤイルの子」でした。特に、「ベニヤミン人キシュの子」ということであれば、それはサウルの子孫です。

自分の先祖であるサウルは主の御声に聞き従わず、主のことばを退け、そしてアマレク人に対する神の御心に反した誤った態度を取りました。この不面目をこのモルデカイも負っているということです。

一方はアガグ王の子孫、もう一方はサウル王の子孫です。しかし、これは単なるユダヤ人とアガグ人との間にある積年の恨みとか民族的な対立感情というような問題ではありません。神のみことばに対して不従順であった先祖の歴史を知るモルデカイの前に、その出来事の象徴でもあるアガグ人のハマンが現れました。

彼が王によって昇進させられたことで、そのこと自体はどうでもよいこととして、王の命令によって、この人に対してひざをかがめてひれ伏すように定められたとき、先祖の不信の罪という問題を同じようにここで引きずって、皆に同調してひざまずき、ひれ伏して、ただその場をしのぐことができませんでした。

「主は代々にわたってアマレクと戦う」と言われた神の御思いに反することをしてはならない、と考えたのではなかったかと思われます。このみことばを巡って、これを適当に扱うことができなかったということです。

自分の身の安全のことだけを考え、事なきを得ようと思えば、彼はその場を適当にやり過ごすこともできたでしょう。けれども、ユダヤ人として教えられてきている神の律法によれば、モーセの時代から、サウル王の時代に至っても、神の御心は一貫して「アマレクと戦う」ということでした。

神を知る信仰者として、みことばを通して主の御思いを知りながら、アガグ人ハマンにひざをかがめてひれ伏すことは全く不可能なことと考えたのです。

そして、このことを律法を持たないユダヤ人以外の者に説明したとして、それは理解されることがないでしょう。だから、彼は説明しませんでした。ただ、自分がユダヤ人であるということだけを告げていました。そして、一度たりとも、ハマンにひざをかがめず、ひれ伏そうとしませんでした。

それは、自分が信仰者だから、その主義主張にそぐわないので、これこれのことをしないとか、あれをしない、というようなことではありません。そうではなくて、自分自身の中にすでに備わっている神の律法がそれをさせるのです。

ベニヤミン人キシュの子という立場は消えることがありません。ある意味で負の遺産を背負っています。それでも神に選ばれた聖なる民です。だから、その負の遺産を教訓とし、反面教師として誰よりもしっかりと受け止めなければなりません。

真に神の御心を知る者としての必然ということでしょうか。神の御声に聞き従わず、主のことばを退けることは、神のみむねを悲しませることになると知っている者は、いちいちおっかなびっくり自分の主義主張と照らし合わせて決断するというようなことをしません。押し出されるように、即座に取るべき態度を決めるのではないかと思います。

こうしたモルデカイの態度に関して、ついに王の家来たちは、恐らく、国の秩序や安寧という視点からでしょう、ハマンに伝え、その意見を求めることにしました。

モルデカイに対するこの家来の態度は決して、モルデカイを貶めようとするものではないようにも思えます。むしろ、モルデカイはこれらの家来たちに敬われていたようにさえ感じられます。ただ、職務に忠実な役人という立場から、モルデカイの態度をどう扱えばよいか当惑していたということではなかったかと思われます。

けれども、ハマンは憤りに満たされ、しかも、モルデカイひとりに手を下すことだけで満足しなかった、ということです。つまり、ユダヤ民族を根絶やしにしようと考えました。

明らかに、このことは彼の正当な立場を否定され、その名誉を損なわれて傷ついたプライドから来ています。それゆえに、ある注解者は、直接にモルデカイを相手とするよりも、もっと巧妙になって、しかも「恐ろしく節操のない反応を示す方」を選んだ、と言います。

モルデカイは、自分の信仰的な判断と理解が、自分の民族の崩壊につながるなどとは予想だにしなかったことでしょう。自分の身を危険にさらすだけに留まらず、自分の民族全体を危機に陥れることになりました。そうなってくるとひょっとして他の人の目には彼のハマンに対してとった行動は、単なるわがままな自己主張としてしか映らなくなったかもしれません。

モルデカイが自分のこだわりを捨てていれば、民族は守られたかもしれない。彼がしたことは神の栄光と祝福につながるどころか、その当事者でない者までも巻き込み、かえって神の民を滅ぼすことになり、神の御思いを悲しませる結果を招いたのではなかったか。

それは彼の信仰から出たことなのか、それとも彼のユダヤ人としての民族的なつまらぬプライドからなのか。

本人も将来にどんな結末が待ち受けているのかを知りませんので、見えざる神の臨在を探し求めながら、自信を全く喪失させてしまったのではないかと思います。

そういう事態を経験することは、少数派である私たちキリスト者にもあるかもしれません。この世にあって、聖書のみことばにこだわり、神の御心を求めて、最善の判断をしたつもりが、その結果かえって難しい課題を引き起こすことになる、ということが実際にあるのです。

そういう場合、自分に対して普段から批判的な人や賛成していない人はなおさら、容赦のない攻撃を浴びせて来るでしょう。あなたの判断は間違っていた。あなたは神の御心を悲しませている。あなたが問題を引き起こし、あなたが原因でこうなったのだ。それはあなたのせいだ。あなたはそれに対してどう責任を取るつもりなのだ。

信仰者は絶えずこうしたこの世の悪の攻撃にさらされ、その緊張の中に置かれていると言えるかもしれません。

モーセとアロンも常にそうでした。出エジプトの出来事の全体は、初めから不信仰なイスラエルの民との緊張関係の中で進められていました。主の御心に従って歩みを続けているにもかかわらず、パロの脅威や荒野での欠乏といった困難な局面に遭遇すると、その先を信じることができず、責任を追及されるのは、常にこのモーセとアロンでした。

これが聖書が一貫して描写している不信仰の世界、神を恐れない共同体の姿です。

そのときは、説明をしてもすべてが単なる弁解として受け取られるでしょう。語るそばからあげ足を取られ、それらがすべて不利な証言となり、それ自体で批判の対象となります。だから沈黙しているよりほかにありません。モーセとアロンは会見の天幕に行ってひれ伏しました。しかも、その問題に留まらず、それまでの働きのすべてを否定されるのです。

そうなれば、自分自身でも、神から見放されたような思いに支配されます。実際に、そうした批判を受けながら、本当に自分は誤ってしまったのではないだろうかと、ナイーブに考え始めるのです。

もっと大人になって、状況を見極め、自分の主義主張やプライドを引っ込めていれば、問題は回避されたはずだ。こうすればよかった。ああすればよかった。

モルデカイの場合、もはや弁解の余地はありません。彼の行為が、どうあっても結果的に民族存亡の危機をもたらす直接的な要因となったのです。結果がすべてです。彼が原爆のスイッチを押したことになるのです。そういう立場に孤独に立たせられて、彼は何を考えたでしょうか。神はどうしておられるのでしょうか。

4章には彼の悲しみと落胆の様が克明に描かれています。

ハマンは着々と自分の計画を押し進めて行きました。アハシュエロス王の第十二年の第一の月、つまりニサンの月に、いつユダヤ人を根絶やしにすべきかを決定するために、「プル」と呼ばれる、くじが投げられた、と言います。そして、そのくじは、「第十二の月、すなわちアダルの月に当たった」（7節）と書かれています。ユダヤ人の余命は残すところ十一か月あまりということです。

しかし、ここには一つの興味深いアイロニーがあります。

エステル記は全体として「神の摂理」を扱っている書です。その中で、このハマンは「プル」を投げ、人格をもたれるイスラエルの神の「摂理」とは全く異質な、行き当たりばったりの「運命」のようなものに依存しているということを露呈しています。

モルデカイやユダヤ人にとっては恐るべき危機のこの状況において、また、ハマンの得意満面な笑みを浮かべているその絶頂において、まだ何も見えて来てはいませんが、ここでハマンは致命的な失敗を犯していたということです。

彼は、「神を愛する人々、すなわち、神のご計画に従って召された人々のためには、神がすべてのことを働かせて益としてくださる」という事実を知らないでいるのです。

これが私たち信仰者の確信です。とりかえしのつかない失敗を私たちはしないのです。たとい失敗しても、神が導いて益としてくださいます。まして主のみことばにこだわってしたことは、主が必ず祝福へといざなってくださるということです。

ハマンは、アハシュエロス王を欺いて、自分の計画に巻き込もうと言葉巧みに虚偽の訴えをします。けれども、そこで、神の民であるイスラエルを適確に説明しています。

「あなたの王国のすべての州にいる諸民族の間に、散らされて離れ離れになっている一つの民族がいます。彼らの法令は、どの民族のものとも違っていて、彼らは王の法令を守っていません。それで、彼らをそのままにさせておくことは、王のためになりません」（8節）。彼はそう語ります。

モルデカイが王の命を救ったことをも含めて、王のためにならないどころか、この民は王の法令に従わないわけではなく、かえって王にとって有益な祝福の民であったはずです。この民を祝福する者を神は祝福されるのです。これが神の民の使命です。

それはともかく、「散らされて離れ離れになっている」この離散の民を、ハマンは「一つの民族」と言います。彼らは離れ離れになりながら、一つなのです。なぜ一つなのでしょうか。

それは、彼らには、一つの法令があるからなのです。ハマンがいみじくも観察しているように、「彼らの法令は、どの民族のものとも違ってい」るのです。それはまさに聖別された「神のみことば」の法令であって、十戒に代表される神との契約の書、トーラー、律法、聖書なのです。

この「神のみことば」によって、離れ離れにされているこの民族は、どこにいても一つなのです。

そして、モルデカイはこの「神のみことば」に生きているのです。それにハマンは気づいているのです。これこそがペルシヤ帝国にとって脅威であり、危険であり、王のためにならない、というのです。

ハマンは「一つの民族」と言いつつも、その民族の名前を明かしません。これがかえってハマンにとってのあだとなります。それでも、王の全幅の信頼のもとで、この民を滅ぼす承諾を取り付け、王の指輪の印を得、全権を握ってしまいます。銀一万タラントを費用として出費するというハマンの提案は、王の信頼を確実のものとしました。恐らくその費用はユダヤ人からの略奪によって十分に埋め合わせて余りあるものとなるでしょう。

こうして各州に法令として文書のコピーが公示され、シュシャンの町は混乱に陥り、その一方で、王とハマンは酒をくみかわしていた、ということです。結末を知らず、最後の神の審判を恐れない人の姿がそこに典型的に示されていました。

しかし、「散らされて離れ離れになって」いても「一つの民族」。それを支える「どの民族のものとも違」う「法令」。その法令は、万物をお造りになり、今もすべてを支配しておられる神からの聖なる「みことば」によって成っているものです。だから、どの民族のものとも違います。そして、その法令には神の祝福が伴い、神が責任を取ってくださいます。

しばし難しい状況に陥ることがあったとして、私たちを最善に導かれ、すべてのことを働かせて益としてくださる神が、みことばに従い、そうして神を愛する者を、祝福へといざなわれないわけはない、ということです。

カイザルのものはカイザルに、そして、神のものは神にお返しする中で、くじを引いて導きを求めるような行き当たりばったりの不確かな歩みではなく、人格を持たれ、慈愛に満ちた神が、みことばに従う私たちを勝利へと確実に導かれます。

どこに置かれていようと、私たちの内面の核として、そこに神の王国があり、その比類なき法令があって、私たちを一つに保つのです。

もしかすると、この時のため

4 エステル記4章

主イエスは、「からだを殺しても、たましいを殺せない人たちなどを恐れてはなりません。そんなものより、たましいもからだも、ともにゲヘナで滅ぼすことのできる方を恐れなさい」（マタイ10・28）と言われました。

今日、私たち信仰者にとって最も求められていることの一つは、「勇気」だと言われます。ある説教者は、もっと厳しく、むしろ牧師たちに対して、「今日、牧師たちに欠けているのは勇気です」という言い方をしていました。

そこで言われる「勇気」とは、自分のプライドや、いわば「美学」のようなものから来る、瞬間的な思い切りの良さとか、その場限りの「はったり」といった種類のものではありません。

神への信仰とみことばへの信頼に基づいて、どこまでも愛をもって神の真理を貫こうとする誠実さ、真剣さのことです。「人を恐れるとわなにかかる。しかし主に信頼する者は守られる」（箴言29・25）というみことばもそのことを教えていると思います。

私たちは主に仕えるということ、そして信仰者としての生涯に関して、イエスの言われた言葉をすぐに忘れてしまうのです。

主は、「わたしの名のために、あなたがたはすべての人々に憎まれます。しかし、最後まで耐え忍ぶ者は救われます」（マタイ10・22）と言われました。けれども、どこかで、このみことばは、遠い将来のことを語っているのだと思ってみたり、自分とは全く無関係であるかのように感じていることがあります。

もちろん、信仰を与えられていなければ、誰が好んでこの世と対峙して生きることを望むでしょうか。けれども、イエスの十字架を受け入れたとすれば、その主に倣って、「自分の十字架を負って」主について行くようにと教えられています。そうでないならば、「わたしにふさわしい者ではありません」（マタイ10・38）と主は言われました。

その信仰のゆえに、いわば「どの民族のものとも違って」いる法令に従うということのゆえに、どこかでこの世と対峙して生きることになります。それゆえに、「すべての人々に憎まれます」と主は言われました。そうした一貫した生き方を選択し、それを貫く勇気や覚悟があるだろうかということです。

しかし、それと同時に、「自分のいのちを自分のものとした者はそれを失い、わたしのために自分のいのちを失った者は、それを自分のものとします」（マタイ10・39）という恵みの逆転がこれに伴っているのです。

昔、日曜学校で聞いた話があります。雪山で遭難した三人の人の話です。

三人は激しい吹雪の中、必死にふもとに戻ろうと懸命でした。ところが一人の人が大けがをして、自力で歩いて降りることができなくなりました。仲間の内の一人は、こうした状況にかかわっていたら命取りになると考え、さっさと一人で降りて行ってしまいました。もう一人の友人は、この大けがをした人を見捨てることができずに、先の人の考えたようなリスクを意識しながらも、その人を背負って、ゆっくりと、休み休み下山した、ということです。

ついに、ふもとに近づいて、幸いにも命拾いをしたのですが、そのふもと間近の雪の中に、あの一人で降りて行った友人が倒れてすでに冷たくなっていた、というのです。大けがをした仲間を背負った者は、お互いの体温のぬくもりで守られたのである、という話です。

子ども向けのこの話は実話なのかどうか、さだかではありません。しかし、主の語られたみことばをある意味でうまく説明していると思います。

そして、それは、「もし、彼が、自分のいのちを罪過のためのいけにえとするなら、彼は末長く、子孫を見ることができ、主のみこころは彼によって成し遂げられる」（イザヤ53・10）と言われたキリストご自身の姿であり、そのキリストに倣って生きることを約束した、私たちキリスト者のあり方でもあるということです。

けれども、私たちは、いつも自分自身のことで精一杯で、しばしば「主の名のために」という本来的な生き方を忘れてしまうのです。

果たして、「主の名のために」生きているだろうか。それが聖書の語る本来的なキリスト者のはずです。「クリスチャン」という呼び名は、非キリスト教徒が命名した「あだ名」であり、そうやって揶揄されたと言います。

ところが、困難や不都合が生じると、簡単にその場から身を引いて、事なきを得ようと努めます。しかし、事なきを得ようと努めたり、自分の幸いを自分で確保しようと直接に手を差し出す生き方を選ぶことは、かえって、命を失う致命的な選択であることを私たちは知らなければならないでしょう。

キリストのからだに属している者としての当事者意識があるかないか、そこには大きな隔たりがあると思います。それは教会で奉仕をしているかどうか、というような単純なことでも、その共同体の役に立っているかどうか、ということでもありません。

そうではなくて、もっと本質的な意味において、キリストの御業と恵みのご計画に加えられていることを喜ぶ者とされているかどうか、という問題です。キリスト者であることが誇りであり、何にもかえ難い恵みであると信じて、主の御心に生きようとしているかどうかということです。あるいは、あのイエスの母となったマリヤが、「ほんとうに、私は主のはしためです。どうぞ、あなたのおことばどおりこの身になりますように」（ルカ1・38）と告白したように、神の偉大なご計画がなされていることを知りつつ、主のしもべ（はしため）としての責任を引き受けることをよしとする、ということではないでしょうか。

モルデカイはハマンの陰謀の一切を知りました。ユダヤ民族が十一か月あまりでついに根絶やしにされるという恐るべき法令が定められたことを聞きました。当然、モルデカイは、自分がハマンに対してひれ伏さなかったことがきっかけであるということを知ったでしょう。自分の責任で、自分の民族が崩壊への一途をたどることになったのです。

けれども、モルデカイはハマンに対するそうした態度を少しも止めようとはしません。5章の9節を見ると、モルデカイの一貫した姿勢がそこに記されています。

けれども、ここで、彼は「着物を引き裂き、荒布をまとい、灰をかぶり、大声でひどくわめき叫びながら町の真ん中に出て行き、王の門の前まで来た」（1～2節）とあります。これが当時の人の悲しみや怒りの表わし方です。

この悲しみは、ユダヤ人全体の悲しみとなり、この恐るべき法令によって、そのすべての州は混乱のるつぼと化しました。モルデカイだけではなく、その他の多くの者も、荒布を身にまとい、灰の上にすわりました。

しかし、ひょっとしてモルデカイは、この苦悩の中に落とされながらも、慎重に事を進めようとしていたのかもしれません。聖書の解説によれば、「荒布をまとったままでは、王の門に入ることができなかった」（2節）ということです。だから、モルデカイは王の門の前までは来ました。

こうしてモルデカイは悲しみを表しながらも、可能な限りエステルに近づき、エステルとのコンタクトをとろうとしていたということではなかったかと思われます。

モルデカイの様子を知らされた王妃は、自分の養父に着物を送って、荒布を脱がせようとしました。それは、恐らく、それによって、悲しむ父を自分のところへ来させて、詳しい事情を聞こうとしたということでしょう。けれども、モルデカイはそれを受け取りませんでした。なぜでしょうか。

モルデカイは、この危機的な状況の中で、なおさらユダヤ人である自分とエステルとの関係が明かされてしまうことを恐れたのだと思います。そして、もっと別の方法で状況を知らせようと考えたに違いありません。

そこでエステルは、王の宦官で、自分に仕えているハタクを遣わして、その事情を探らせます。それでようやくモルデカイはすべてをエステルに伝えることができたのです。モルデカイは、ハマンの行動の一切と王の金庫に納めると約束した正確な金額、シュシャンで発布された法令文書の写しをハタクに託し、しかも、そこで彼女自身の民のために王に憐れみを求めるように命じるのです。

エステルはペルシヤの王妃となりました。けれども、モルデカイにとっては養女です。そして、彼女は、ユダヤ人です。だから、モルデカイはこの場に及んで養父としての親権を行使して、エステルに命じています。モルデカイには父としての権威があります。

新改訳聖書では、「言いつけてくれと頼んだ」（8節）とありますが、そこには「命令する」という動詞が用いられています。

それとともに、「自分の民族のために王にあわれみを求めるように」と言います（8節）。つまり、どんなにペルシヤの王妃となっても、ユダヤ人の一人であることを自覚させようとしているのです。この悲しむべきユダヤ民族の危機において、あなたは部外者ではなく、神の民として当事者なのだということを印象づけようとしています。

エステルはハタクを通してモルデカイの伝言を受けました。けれども、彼女は躊躇します。彼女の躊躇には様々な要因がありました。ペルシヤの法令によれば、絶対的な王の権威のもとで、王の安全を守るために、直接の召しのない者が内庭に入ることは許されませんでした。

ある注解書の説明によれば、1章14節に出てくる王の側近の七人の首長は、「王と面接ができ、王国の最高の地位についていた」人々で、それ以外で、この法令を破ることは、そのまま反逆罪に相当した、ということです。この禁止令を徹底させるために、斧で武装した一団が王座付近に控えていたとも言われます。彼らは、王の憐れみによって金の笏が差し伸ばされ、止められない限り、違反者をたたき切ろうと身構えていました。

それに加えて、「どの娘たちよりも王の好意と恵みを受けた」エステルでしたが、何と一か月あまりも彼女への召しがなかった、ということでした。このことがエステルの躊躇の一つの理由でもあった、ということです。

つまり、王の召喚に関する法令の問題もさることながら、モルデカイの求めるようなあまりにも大きな任務を自分がふさわしくやり遂げることができるかどうかという問題で自信が持てなかった、ということです。それは実際に恐ろしいほど重大な使命です。モルデカイも重責を負わされたと感じていたでしょうが、エステルも卒倒するほど恐ろしい重圧に耐えなければならなかったことでしょう。

養父に温かく育てられ、穏やかに暮らしてきた一人の女性が、たとい王女になったとしても、その地位に馴染む間もなく、自分の民の存亡の危機に対処せよ、と言われて、何ができるのでしょう。

ペルシヤ帝国という偉大な国家権力の前に立ちはだかって、一人で、絶対君主の気持ちを変え、その法令を無効にできるなど、ほとんど望みのないことのように思えます。むしろ、その王のもとに到達する以前に、殺されて、終わりになってしまうのが落ちだと彼女は考えたのではなかったでしょうか。

こうしたエステルのこの躊躇がモルデカイに伝えられると、彼からの返事が返ってきました。「あなたはすべてのユダヤ人から離れて王宮にいるから助かるだろうと考えてはならない。もし、あなたがこのような時に沈黙を守るなら、別の所から、助けと救いがユダヤ人のために起ころう（起こるだろうか）。しかしあなたも、あなたの父の家も滅びよう。あなたがこの王国に来たのは、もしかすると、この時のためであるかもしれない」（13～14節。括弧は著者による）

モルデカイはエステルに繰り返しています。

あなたはどうあってもユダヤ人であって、この神の共同体の一員なのだ、ということです。あなたは部外者を装おうとしても、そうすることができない。あなたはすべてのユダヤ人から離れていても、ユダヤ人なのだ。「散らされて離れ離れになっている一つの民族」の一員なのだ。あなたの生きる法令は、「どの民族のものとも違っていて」、それがあなたを生かしているはずだ、ということなのです。

だから、この主の民が滅びるならば、あなたも滅びることになる。どこにいても一つであって、あなたは、この民に属し、この民との運命共同体なのだというのです。

私たちも、もし本当に救いの恵みに与っているキリスト者であれば同じことです。

私たちはもはや部外者のような生き方ができません。私たちはこのキリストの共同体に属しています。私たちの罪のために、身代わりとなって神からの裁きを受けられたキリストがおられます。そのお方を信じたので、私たちは罪を赦され、聖なる神の家族に迎え入れられました。父なる神の子として新しく生まれ変わりました。

それで、私たちはどこにいても、キリストの家族に属する者とされました。私たちには御霊が与えられ、御霊が住み、御霊がみことばを通して私たちを教えます。

私たちの内面には「どの民族のものとも違ってい」る神の国のみおしえがあります。だから、キリストの教会が迫害されることがあったとして、自分は無関係だということはできません。誰かがその信仰のゆえに戦いを経験しているとして、自分はそうした戦いを免れるだろうと想像することはできません。

もちろん、主は、自分のうちに本当の信仰の根がない場合は、しばらく信仰者らしく振舞うにしても、みことばのために困難や迫害が起こると、すぐにつまずいてしまう、と語っておられます（マタイ13・21）。

それゆえ、そうした人は、無関係であることを主張するか、やがてその場から逃げ出してしまいます。けれども、真の信仰者は、その場から去ることができません。あるいは、その時は勇気がなくて、一時去るようなことがあっても、必ず戻って来ることでしょう。ついには、黙って主のみことばに服従し、黙々と自分に与えられた責任を果たします。なぜなら、私たちは御霊によって神に属し、それゆえに一つとされているからです。

14節で、「もし、あなたがこのような時に沈黙を守るなら、別の所から、助けと救いがユダヤ人のために起ころう」とあります。

けれども、最近は、これを疑問文として理解すべきだ、という提案がなされています。つまり、「別の所から、助けと救いがユダヤ人のために起こるだろうか。（いや起こるはずがない）」と訳すべきである、ということです。そうすれば、「あなたの父の家も滅びよう」という次の文章とうまくつながります。そうやって、モルデカイはエステルに迫っていると考えられます。

確かに、考えてみると、今この時、この問題にかかわれるのは唯一エステル以外にいないのです。それ以外の方法を編み出すこともできません。

こういうことが私たちの歩みの中でもしばしば起こります。自分はそれにふさわしいと少しも思いません。それはあまりにも大きな課題です。列挙し始めると数えきれないほど多くの問題点があることに気づかされます。目の前にたくさんの障害があります。

けれども、その場において、その当事者という意識の中にあって、周囲を見回して自分以外にいないのです。どうやってこの課題をクリアすべきでしょうか。ほかに何の手だても思いつきません。それでも、その中で問われている大切なことは、「主の恩寵のご計画の中で、あなたは部外者なのか、それとも当事者なのか」ということではないでしょうか。

不思議なことに、このエステル記の著者もモルデカイも、ここにおいてすら、神の名を持ち出しません。しかし、明らかにここに神の摂理が覚えられています。

先は何も見えていません。依然として暗やみの中です。だから、依然、推測で考えます。「もしかすると」という表現を用いるしかありません。けれども、ハマンのようにプルと呼ばれるくじを投げるような、行き当たりばったりの判断に頼るのではありません。

そうではなく、そこには「もしかすると、この時のためであるかもしれない」という表現が物語っているように、背後ですべてを支配しておられ、ある人を召し、ある人を必要な場に配置し、そうやって愛する民を勝利や祝福へと導くお方の存在が意識されているということです。

信仰というのはトンネルの先に明かりが見えている中での余裕やゆとりから来るものではなく、やみの中で、もがきながらも、見えない神の臨在とその慈愛に満ちた働きを信じることです。そして、用いられるかどうかわからないにしても、主の御用のためにその時その時、勇気をもって自分自身を差し出していくことではないでしょうか。

人につまずくこともあるでしょう。自分の夢や希望が破綻したかのように思えることもあるでしょう。すべてを失ってしまいそうな危機に落とされてさまようこともあるでしょう。そうしたやみの中で、放り出されたような孤独にあって、それでも神が慈愛の神であることを信じることができるでしょうか。

問題は、人との関係であるとか、生かされている環境ではありません。全知全能の父なる神との関係なのです。父なる神との交わりの中で、父の善意をどこまでも疑わないということです。

これは私たちがしばしば経験する信仰のチャレンジです。もちろん、それは難しいチャレンジです。

あの苦難の証人であるヨブですら、実は、最後に神の臨在を明らかにされるだけではなく、苦難を忍耐をもって乗り越えた後で、たくさんの恵みを示していただいて、主が慈愛に富んでおられること、憐れみに満ちておられるお方であることを知ったと聖書は語ります（ヤコブ５・11）。

だから、私たちが、時に倒れそうになってもそれは仕方のないことです。

けれども、ヨブの苦難は、私たちの想像を絶するほど激しいものであったこともまた事実です。

その中で主がヨブを保っていてくださいました。

それゆえに、そうした信仰のチャレンジを自分自身で受け止めながら、信仰とは私たちが努力して保ち続けるものではなく、結局は、やみの中にあっても、主が私たちを離さず、御手の中に保っていてくださることなのだ、ということを改めて覚えたいと思います。

自分の感情でも思いでもありません。もし主が本当に私たちをとらえてくださったならば、主が私たちを決して離さず、御手の内に保っていてくださるということなのです。

そして、それと同時に、幾分矛盾するような言い方かもしれませんが、それでももはや受け身的な生き方を続けるのではなく、たといやみの中であっても、どんな神の恩寵のご計画があるのかを期待しつつ、「もしかすると、この時のためであるかもしれない」といちいち自問しながら、生かされている意味や存在の目的と使命を問い続ける者でありたいと思います。

私たちがこの地上に生かされているのは、神の栄光の御業にとってどうしても必要であるからです。主の恵みの働きの中枢に私たちは置かれているのです。

ついにエステルは立ち上がりました。「行って、シュシャンにいるユダヤ人をみな集め、私のために断食をしてください。三日三晩、食べたり飲んだりしないように。私も、私の侍女たちも、同じように断食をしましょう。たとい法令にそむいても私は王のところへまいります。私は、死ななければならないのでしたら、死にます」（16節）

このような所を読むと、やはり強く思わされることは、この著者は、あえて神の名を使わないようにしているということです。

「断食」が意味するところは、明らかに神への嘆願です。執り成しの祈りへの集中と熱心がその目的です。徹底的に集中して熱心に神への執り成しをささげるのです。けれども、著者は、このような最も必要な場面においてすら、神の名を使おうとしません。

それはなぜでしょうか。それは、これが単なる神話とか物語のレベルに貶められることを避けるためではなかったかと思われます。

これは過去に起こった歴史の事実であるということなのです。だから、ある意味において、ここに描写されているのは、すべて客観的で、人々が検証可能な出来事だけ、という言い方もできるかもしれません。

だからといって、それらの出来事は表面的な原因と結果でつなぎ合わされてはいません。まして、偶然や宿命のようなものを考慮に入れて読むという余地はありません。どうしても、その書かれている文と文との間に、読者自身が神の名をはめ込んで読まなければ理解できないように仕組まれているのです。

こうして神の摂理を信じる信仰者は、この聖書に記されている出来事を、直接には神を見ることのできない私たちの現実に容易に重ね合わせて見ることができるのです。

これは、神話でも物語でもありません。それは当時の実際の出来事であり、今の私たちにも同じように働いてくださる見えざる神を信じる私たちの現実です。

主のご計画と御心を探りながら、依然として「もしかすると」としか言うことのできない現状の中で、主の最善を信じて、神の民に仕えるしもべとして、自らを積極的に差し出して行くことが求められています。それは神の民の当事者として生きるということです。もちろん自分一人の力で立つことはできません。

だから、エステルのようにお互いの執り成しの祈りを必要としています。「祈ってください」と言わなければなりません。

結果がどうなるにしても、モルデカイはエステルの信仰者としての決断をどんなにか喜んだことでしょう。彼女は、歴史の全体を貫く神の摂理を認め、そうして自分がこの王国に来たという、その存在の意味をそこに見出そうとし始めました。そして、神の民としての法令に従いました。だから、「たとい法令にそむいても私は王のところへまいります」と言いました。「神のものは神に返す」というあの主の言われた生き方をここに認めることができます。

しかも、「私は、死ななければならないのでしたら、死にます」と加えます。「いのちを救おうと思う者はそれを失い、わたしと福音とのためにいのちを失う者はそれを救うのです」（マルコ8・35）と主は言われました。そこには全く同じメッセージがあります。

また、第一ヨハネには、「キリストは、私たちのために、ご自分のいのちをお捨てになりました。それによって私たちに愛がわかったのです。ですから私たちは、兄弟のために、いのちを捨てるべきです」（3・16）というみことばもあります。これは、まさに私たちのための感謝すべきキリストご自身の生涯であったということです。そして、そのような尊い生涯に私たちも招かれているということを覚えたいと思います。

この章は、「モルデカイは出て行って、エステルが彼に命じたとおりにした」（17節）という言葉で締めくくられています。モルデカイは父としてエステルに命じ、エステルはペルシヤの王妃として、モルデカイにユダヤ人の招集と断食を命じた、ということです。

それぞれがそれぞれの立場において、神の最善を信じつつ、主の民としての使命を果たそうとしていたということです。

5 さて、三日目に

エステル記5章

エステルの5章からは、いよいよエステルが自分の民族救済のために立ち上がった、という場面に移ります。彼女の養父でもあるモルデカイに励まされて、ついに立つべき所に立とうとした、ということです。自分を主の摂理にゆだね、主の憐れみのご計画の中に置こうとした、ということです。

「私は、死ななければならないのでしたら、死にます」と言います。

先に希望があるわけではありません。主のご計画の先が明らかにされているわけではありません。何も見えてきません。それと同時に、王の心を動かすことができるというようなそんな自信が自分にあるわけでもありません。何とかなりそうだ、というような楽観もありません。

けれども、彼女は立つべき所に立ったのです。それは王宮の内庭、という空間的な場所の問題である以上に、「私は、死ななければならないのでしたら、死にます」という信仰者としての神への献身という霊的な領域の場のことです。自分の気分とか、感情でも、自分の好みや計画の問題でもなく、「おことばどおりこの身になりますように」と、恐れながらも、主の主権と摂理を受け止めていこうとする神への信頼と信仰の問題です。

それにしても、私たちはしばしば自分にとって不可能とも思えるような召しに応じることを求められているように思います。自分では決して果たせません。なぜならある意味で主の働きは簡単なことではないからです。それはあまりにも聖く、崇高で、なおかつ、それは大事業なので、片手間でできるような代物ではないからです。

そして、同時に神のご計画を台なしにしようとねらう強敵の力との戦いでもあります。だから、召されたといっても、主ご自身に助けていただかなければなりません。祈りによらなければ、何事も行うことができないということを改めて思わされます。

ともすると、自分の余力で何とかできそうだと感じて、そういう意味で何とかこなしたかのように錯覚していることがよくあります。そうやって、いつの間にか、祈りを忘れて、不遜にも自力で走り続けているということがないでしょうか。

しかし、そういう時ですら、主が背後で助けてくださっているのです。でも、主の臨在に気づきません。だから、ある時、大きな課題を負わされると、どうしてよいのかわからなくなってしまうのです。それは、力強い主の御手にゆだねること、そうやって祈ることにまだまだ慣れていないからです。

一人の人がイエスのみもとに来て、自分の息子の癒しを願いました。この息子は「てんかん」で苦しんでいました。それで、イエスの弟子のところへ連れて行きましたが、弟子たちは治すことができませんでした。

これはマタイの17章に記されている有名なエピソードの一つです。

このことで、イエスに訴え、自分の子どもの癒しを求めた人に応答して、イエスは、「ああ、不信仰な、曲がった今の世だ。いつまであなたがたといっしょにいなければならないのでしょう。いつまであなたがたにがまんしていなければならないのでしょう」（17節）と嘆かれました。それから、その子を来させて、癒されたというのです。

「イエスがその子をおしかりになると、悪霊は彼から出て行き、その子はその時から直った」（18節）と聖書に書かれています。

弟子たちは自分たちの無力さを覚え、イエスに尋ねるのです。

「なぜ、私たちには悪霊を追い出せなかったのですか」（19節）

これはある意味で私たちの普遍的な問いではないかと思います。私たちはキリストを信じ、神への信仰を持つように導かれたはずです。だから、私たちには信仰があるはずです。

けれども、私たちの現実において、私たちの思い通りにならないことがたくさんあります。願ってもそのようにならないように見えます。一向に現状が改善されません。悪い霊が支配していて高笑いをしています。それはあまりにも高いハードルのように感じられます。

誰かが助けを求めてきても、その人の必要に十分に応えることができず、失望させてしまうようなこともあります。彼らはイエスに向かって言うでしょう。

「お弟子たちのところに連れて来たのですが、直すことができませんでした」（16節）

そして、私たちもそれは自分たちにはできない事柄だ、と感じます。教会も無力さを覚えています。なかなか伝道が進展しません。この世の課題も山積みです。具体的な行動を起こしても、たとい変化の兆しを少し認めることができても、長続きせず、結局のところまたもとに戻ってしまいます。

あるいは、また別の課題が起こってきて、それに悩まされます。やはり、一向に改善されません。教会にリバイバルが起こりません。霊的な覚醒がありません。そして、私たちは主に申し上げるのです。

「なぜ、私たちには悪霊を追い出せなかったのですか」

するとイエスは弟子たちに言われました。

「あなたがたの信仰が薄いからです。まことに、あなたがたに告げます。もし、からし種ほどの信仰があったら、この山に、『ここからあそこに移れ』と言えば移るのです。どんなことでも、あなたがたにできないことはありません」（20節）

信仰がないとは言われませんでした。ただ、「信仰が薄い」と言われました。それも、「からし種ほどの信仰」で、とおっしゃいました。そうすれば、「あなたがたにできないことはありません」と言われたのです。ということは、結局はそれほどまでに信仰が薄い、と言われたのでしょうか。

こういう話を聞くと、私たちは信仰というのは、何となく、あることを「信じ切って、全く疑わない」信念のようなものと考えてしまいます。邪念を抱かず、あることを念じて必ずそうなると信じ切る集中力、強靱な精神力のようなものと考えがちです。けれども、主がここで意図しておられるのは、そういうことではありません。

聖書が、「信仰」という問題を取り上げるとき、常に意図されているのは、神との人格的な交わりの中での信頼のことです。そうした信頼の中で、主の御心を知り、その御心に従って、私たちが願うことに、（私たちの力ではなく）神が必ず応えてくださるということなのです。だから、それゆえに、どんなことでもできないことはない、と主は語られるのです。

そして、これに加えて、あの悪霊追放に関する問題に関して、イエスは、「ただし、この種のものは、祈りと断食によらなければ出て行きません」（21節）と言われました。

実は、この文書は、現存しているマタイの古い写本の多くには存在しておらず、恐らくマルコの9章の内容と照らし合わせて、後になって補われたものだろうと言われています。それでも、マルコがこれを書き留めているのですから、このことは主が語られたことに間違いはないと思われます。

そこで、改めて、主が「祈りと断食によらなければ」と言われたことを深く考えさせられるのです。

「祈りと断食によらなければ」とイエスは言われましたが、当然、先ほどの信仰の問題と無関係ではありません。主に対する絶対の信頼のもとで、私たちが祈りに専心しなければならないことが言われているのです。

それは、単純に、たくさん祈ればよいとか、断食が効果があるとかというようなことではありません。自分自身の無力さを改めて知りつつ、そこで、謙遜に、そして執拗に、神の助けを求めるということが意図されています。

できないからあきらめてしまうということでも、その場から逃げてしまうということでもありません。そうしたらせっかくの神の御業を見ることになりません。そうではなくて、神の御業を見るべく、祈りに専心しなさい、と言われているのです。

あの弟子たちの場合、病人が連れて来られたとき、主が不在の時でもあり、自分たちも主の弟子として悪霊を追い出すことができるはずだと彼らは考えたに違いありません。というのは、それ以前に、イエスは弟子たちに「汚れた霊を追い出す権威」を与えられ、宣教の働きに遣わされたのです（マルコ6・7）。だから、彼らにはそうした力が与えられていました。実際に、自分たちを通して悪霊の出て行く様を経験していたのです。

ところが今回はそれができませんでした。彼らは当然戸惑いました。あの時はできたのに、どうして今回はできなかったのだろうか。自分たちにそういう力があるはずだと思っていました。それなのに、どうしてできなかったのだろうか。

そうした疑問に対して、イエスは「この種のものは」と言われたのです。それは、これは特別なのだ、ということなのです。これは特別に手ごわいものであって、そうやすやすとあなた方の手に負えるものではないのだ、というのです。

恐るべき霊の力をしっかりと見据えなければならない。その問題の背後にある、とてつもなく恐るべき力に気づいていなければならない、ということなのです。それは人間の小手先の力によってはどうにもならないことであって、「祈りと断食によらなければ」と言われるのです。

確かに信仰を与えられ、特別な祝福をいただいて歩みを始めました。いろいろな面で対応できるような経験も与えられ、少しずつどうすべきかを学びつつあります。けれども、すぐに有頂天になり、自分自身に何かが備わっているような錯覚に陥って、そうして怖いもの知らずで、自分で戦いを挑もうとしてしまいます。

ところがその結果、惨憺たる敗北を味わうことになるというわけです。自分の力が及ばず、いやというほど自分の無力を思い知らされ、落ち込まされるという、そういう経験をすることがないでしょうか。

パウロも言いました。

「私たちの格闘は血肉に対するものではなく、主権、力、この暗やみの世界の支配者たち、また、天にいるもろもろの悪霊に対するものです」（エペソ6・12）

だから、「神のすべての武具をとりなさい」（13節）と言います。「すべての祈りと願いを用いて、どんなときにも御霊によって祈りなさい。」（18節）と述べられています。

そこには恐るべき「主権、力、この暗やみの世界の支配者たち」「天いるもろもろの悪霊」が存在しているのです。しかも、この「もろもろの悪霊」は「天にいる」と言います。そんな恐るべき存在との戦いであるゆえに、どうしても自分の力で戦うことはできません。そして、神に祈らないわけにはいかないということです。

「三日目にエステルは王妃の衣装を着て、王室の正面にある王宮の内庭に立った」（1節）と書かれています。エステルはついに行動を起こしました。

当然、その前に恐れと躊躇がありました。王によって召されずに、自分で内庭に入れば、死刑に処せられるという法令がありました。王の憐れみで、王の持つ金の笏が差し伸ばされるようなことでもあれば、命をつなぎ止めることができるでしょう。

しかし、それは不確実なこと、望みの薄い、単なる希望にすぎません。一か月あまり王宮への召しを受けてはいません。この無謀と思える計画を試みたところで、王の決断を変えさせ、ユダヤ民族根絶やしの法令を無効にすることなどほとんど不可能に近いと思えたことでしょう。

けれども、それ以外に方法はありません。そして、モルデカイの主張するように、「もしかすると、この時のため」にこの王国の王妃となったのかもしれないと思うようになったのではないでしょうか。エステルは、ここに神の摂理があるのかもしれないと考え始めたのです。

モルデカイにとっても、彼に育てられたエステルにとっても、日常の小さな営みにおいても、そして、人類の歴史という全体的な営みの背後にも、それをすべて支配しておられる神のご計画と摂理の御業があることが前提なのです。だから、それは「もしかすると」という推測ではありながら、確固たる神への信仰なのです。

彼女の躊躇は、モルデカイの熱心によって除かれていきました。モルデカイの進言によって彼女は立つべき所へ立つ決心をしました。

「たとい法令にそむいても私は王のところへまいります。私は、死ななければならないのでしたら、死にます」

信仰者としての本来的な生き方を確認しています。今や、「どの民族のものとも違って」いる法令が彼女を支配しています。彼女は、ペルシヤの王妃となりましたが、そうやって異教徒の王宮の中枢におかれながら、離れ離れになっている一つの民族の一員であることを自覚しているのです。散らされても、離れ離れになっていても、一つなのです。

民族が根絶やしにされれば、自分も死ぬことになります。自分だけ助かるとは考えません。そうやって、自分を捨て、自分の十字架を負って、主について行こうと決心したのです。

そして、さらに幸いなことは、この決心が、自分自身の力や運命のようなものへの依存によってなされたものではなく、そこに生きて働かれる神への信頼から来ているということです。

これから行おうとしている方法が、果たして神の御心なのかどうかはわかりません。けれども、ほかに代替案はなく、状況から判断して、最も考えられる手段として、主の民の救済のために死を覚悟して、自ら主にささげようとしているのです。

だから、エステルは、シュシャンにいるユダヤ人をみな招集させ、彼女のための断食と神への執り成しの祈りを要求しているのです。三日三晩、食べたり飲んだりしないように命じ、自分も、自分の侍女たちもこれに加わることを約束しています。

エステルにとって、当然のことながら、これは決して容易な戦いではありません。いや、彼女にとって、決して手に負える事柄ではないのです。まさに「私たちの格闘は血肉に対するものではなく、主権、力、この暗やみの世界の支配者たち、また、天にいるもろもろの悪霊に対するものです」とパウロの語ったような、あの格闘を強いられているのです。

そして、エステルは、漠然とではあったかもしれませんが、そのような事柄であることを強く意識していたのだろうと思います。

だから、これは、主の語られた「この種のこと」であって、「祈りと断食によらなければ」ならないものでした。いみじくも彼女がモルデカイに命じた断食は、やがての彼女の大勝利への鍵となるのです。

それゆえに、このエステル記の5章の始まりにおいて、著者が「さて、三日目に」と書き出すことには大切な意味が込められています。

「三日目」には明らかに「三日三晩」の断食と祈りが意識されています。彼女は、断食と祈りを待たずして行動を起こすことはしません。どんなことがあっても、神との交わりが先です。約束した「三日三晩」という断食の期間がまず果たされなければなりません。

もちろん、どこを起点として三日目になるかということで意見は異なるでしょうし、もしかすると断食がまだ続けられている最中に、彼女は王宮の内庭に立ったのかもしれません。

それでも、この断食と祈りが先行していること、そして、この執り成しによって彼女が支えられていることに違いはありません。

この三日という期間によって、あらゆることが備えられます。主との交わりの中で、さらに主の御心への服従が確認されたことでしょう。性急な判断が自粛され、感情的な行動を慎み、自分の思いばかりではなく、相手の立場や状況を想像することも可能となったでしょう。

また、主の時に身をゆだねることも学ぶことになったはずです。どのようなタイミングで王の前に現れるべきか、ほとんど想定することはできませんが、ちょうどよい時を主が備えてくださることを祈り求めることもできたのではないでしょうか。

そうやって、この三日の祈りのうちに、主に用いられるに最もふさわしいあり方を整え、主の御業の妨げとならない、まさに神の御心の「通りよき管」としての備えをしたということではなかったかと思います。

たとい御心と思って行動しても、そしてその熱心のゆえであっても、主のご計画の妨げとなり得ることを思わされるのです。自分のわがままのつもりはありません。ただただ主への熱心から出たことなのです。それでも御心に対する無知のゆえに、思わず先走った判断や行動をして、せっかくの主の御心を妨げてしまうことがあるように思うのです。

イエスの弟子たちはしばしばそういう行動をしました。主が十字架の受難について弟子たちに明かすと、そのことへの理解が及ばず、ペテロはすぐにイエスを引き寄せて、いさめ始めたと言います。

すると、主は振り向いて、ペテロに、「下がれ。サタン。あなたはわたしの邪魔をするものだ。あなたは神のことを思わないで、人のことを思っている」（マタイ16・23）と言われました。イエスの激しい言葉に驚いたことでしょう。そして、愛する主に「わたしの邪魔をするもの」と言われて、がく然としたに違いありません。

キリスト者は、主の御業のために一生懸命であろうと願います。

自分の周りで、いろいろな課題が見えてくることがあります。問題を感じることもあります。家族のためにどうしたらよいだろうと思います。友人のために何かをしてあげたいと考えます。

この社会にどう貢献したら良いだろうかといろいろなアイデアを思いつくかもしれません。主の教会のために何ができるだろうかと考え始めることがあるでしょう。教会が命を失っているように見えるかもしれません。そのために何をすべきでしょうか。

私たちは、その時こそ、口を慎み、主の御心を熱心に求め、集まって祈らなければなりません。たといわずかな人数であってもかまいません。ともかく、心ある仲間同士で、同じ志を持つ家族で、教会の祈りの交わりにおいて、熱心に執り成しの祈りをささげること、それこそがまず私たちに求められていることです。

こういう時にこそ、問題に対してただ否定的になるのではなく、憂えるべき状況に対して不平をもらすのではなく、祈りに向かい、「悪いことばを、いっさい口から出してはいけません。ただ、必要なとき、人の徳を養うのに役立つことばを話し、聞く人に恵みを与えなさい」（エペソ4・29）とエペソの教会に向かってパウロの語った言葉を思い起こしたいと思います。

そこでは、神の偉大な力と御業を信じることのできない、むなしい心で歩む異邦人のあり方ではなく、心の霊において新しくされた人として、と言われています。「悪魔に機会を与えないようにしなさい」とあります。私たちはこのエペソ書の4章を学ばなければならないと思います。それが主に召された者のあり方、その召しにふさわしく歩む者の姿だと言います。

モルデカイの励ましと背後の祈りに支えられて、エステルが王宮の庭に立つと、驚くべきことに「王は手に持っていた金の笏をエステルに差し伸ばした」（2節）ということです。王はエステルにことのほか好意的でした。

けれども、それでも、エステルは、すぐさま自分の思いを告げようとはしません。それは極めて慎重な態度であり、言葉を選び、用意周到に主の時を待とうとする者の姿でした。

時には早急に問題に対処しなければならないこともあるでしょう。けれども、聖書がしばしば私たちに教えていることは、主の時を待つこと、忍耐をもってじっと事の成り行きを観察することです。

このことに耐えられない人は、主の兵卒として不適格であるということです。主が行けというまでじっと待つことができず、自分で行動するとすれば、それは自分の祈りや背後の祈りと全く無関係になります。

敵陣に乗り込むときに、私たちは主の号令に服従することが求められています。時が熟することを主とともに待ち、全知の主の最善の指令に従うときに私たちは勝利を得ることになります。ところが先走った兵卒によって、こちらが計画の変更を余儀なくさせられたり、敵を優勢に導いてしまうことがあるのです。

エステルは、自分の思いを知らせずに、王とハマンをまず自分の設ける宴会に招待することにしました。その結果、エステルは王に召されなかった三十日あまりの空白を埋めて、まず王との親しい交わりを再開させることに成功するのです。

そして、エステルが目論んだその宴会の目的はそれで十分に果たされたのです。王は、その酒宴の席で、熱心に尋ねるのです。

「あなたは何を願っているのか。それを授けてやろう。何を望んでいるのか。王国の半分でも、それをかなえてやろう」（6節）

最初に王の内庭に立った時よりも、王は熱心に王妃に語りかけています。エステルに対する関心と興味をいよいよ募らせていきます。

けれども、エステルはさらに忍耐し、心の思いを押し殺して、さらなる宴会へと王を招くのです。「私が願い、望んでいることは、もしも王さまのお許しが得られ、王さまがよろしくて、私の願いをゆるし、私の望みをかなえていただけますなら、私が設ける宴会に、ハマンとごいっしょに、もう一度お越しください。そうすれば、あす、私は王さまのおっしゃったとおりにいたします」（7～8節）

王は、いよいよ王妃の思惑への関心を強め、よい意味での期待をもって、これを待ち望むように仕向けられて行きました。

一方、ハマンも上機嫌で、その場を退席しますが、王の門のところでモルデカイに会います。ところが、モルデカイの変わらない不遜な態度に激怒するのです。けれども、我慢して家に戻ります。この感情の起伏の激しさ、その変化の速さが記されています。

上機嫌から、激怒へ、そして我慢。それから、友人たちと妻を呼んで、自慢話をするのです。自分の富、子ども、昇進の話をします。

この心理を私たちはよく理解することができます。与えられた正当な地位を認めないモルデカイに傷ついたハマンは、そうやって自分の心を必死で癒そうとしているのです。

彼は神を信じていません。彼には全知全能の主、慰め主であり、勝利を約束してくださる神がありません。それゆえに環境の奴隷です。上機嫌から、一気に激怒へ向かい、じっとこらえながら、自分の財産や昇進によって自分の価値を示そうと努めるのです。それ以外に自分を支えるものがありません。

しかし、私たちに対して、ローマ書の12章12節で、「望みを抱いて喜び、患難に耐え、絶えず祈りに励みなさい」とパウロは勧めています。希望もなく、不平に満ちて、仕方なく祈るということではありません。「望みを抱いて喜び」とあります。

そうすることのできる幸いを思います。なぜならば、全知全能の神が確実に私たちに伴っていてくださり、とても勝ち目のないような戦いに完全な勝利をもたらしてくださるからです。

そのためにまず主の前にこうべを垂れて、主に助けを求め、徹底的に祈り合う者でありたいと思います。

6　主の御業のために

エステル記6章

ローマ書の8章28節のみことばの素晴らしさを改めて思います。

「神を愛する人々、すなわち、神のご計画に従って召された人々のためには、神がすべてのことを働かせて益としてくださることを、私たちは知っています」

これは驚くべきみことばです。このみことばの真意とその深い意味を私たちはどれだけ理解しているでしょうか。これは私たちを真の祝福へといざなう本当に素晴らしいみことばです。

このみことばは、まず私たちが神のご計画に従って召されたということを保証しています。それゆえに神を愛する者とされているということです。

自分で努力したわけではありません。初めから自分で意思を働かせたわけではありません。そうではないのに、生涯のある時点において、素晴らしい神と出会う経験を与えられました。そしてその神を知る者とされました。聖書に示されている父なる神というお方があまりにも素晴らしいお方であることを驚きとともに知らされました。栄光に満ち、聖なるお方で、恵みに富まれる父なる神であるということです。

すると神への特別の思いと感情が溢れ出てきたのです。神への信頼と信仰を持つようになりました。神を愛する者とされました。それは神のご計画の中にあることでした。神を愛する者は、神のご計画に従って召されているのです。神のご目的に従って召し出されたのです。

召し出されたということは、その召し出されたことだけが神のご計画であったということではありません。召し出されたことの目的があるということです。

つまり、何のために召されたのか、ということです。そこにも神のご計画と摂理があるということです。意味もなく召し出されたのではありません。召し出されて、神を愛する者とされた私たちは、神のご計画の中に取り込まれ、神のご計画の実現のために用いられるということです。

神のご目的が果たされるため、こんな小さな私たちに神のお呼びがかかったのです。

それゆえに、私たちの歩みの全行程において、私たちの経験や私たちのなしたことの一切を神は働かせて益としてくださる、というのです。

この「益としてくださる」というのは、世俗的な意味において「益となる」ということではもちろんありません。私たちの個人的な願いの実現のためであるとか、この世の繁栄に関することにおいてであるとか、私たちのわがままな目的のためにということではありません。そうではなくて、このことも神の最善のご計画に従って、主の視点から最終的な真の意味での祝福という点において「益」となる、ということです。

神にとって「益」となることは、私たちにとって本当の意味で「益」となるということです。神の「益」とならない、私たちの「益」ということであるとすれば、それは真の祝福とはなりません。それは、「神のご計画に従って召された」という意味を失わせ、「神を愛する人々」という恵みの集団からはずれることになります。

このローマ書8章28節のみことばは、神のご計画に従って召された私たちの神を愛する者としての歩みの一切が、そのような歩みの中で、必ず主にあって報われることになるのだ、ということを教えているのです。

特にこのローマ書の文脈からすれば、私たちの恵みに満ちた日々の歩みという以上に、困難や苦悩の一切のことが意識されているのだと思います。それらの一切を働かせて私たちの益としてくださる、ということです。

第一コリント15章58節にも、「ですから、私の愛する兄弟たちよ。堅く立って、動かされることなく、いつも主のわざに励みなさい。あなたがたは自分たちの労苦が、主にあってむだでないことを知っているのですから」と書かれています。

「主にあってむだでない」という言葉は何と幸いな響きを持っていることでしょうか。

私たちの日常の営みにおいて、すぐに報われることはそれほど多くはないように思います。奉仕にしても、労苦や痛みの経験をすることにおいても、それ相応の報いを受けることはさほどありません。そして、確かに報われることを望んで奉仕するならば、それは真の意味での奉仕ではないのかもしれません。

私たちはそれに見合う報酬を受けること、あるいは感謝されること、有益だと認められること、それに加えて、何らかの達成感を期待します。そして、それらのことが私たちの働きの原動力にすらなっていることは確かです。しかし、地上で報われてしまうよりも、天上において報われることを待ち望むべきなのだとも聖書は教えています。

けれども、同時に、聖書によれば、神を愛する私たちの労苦の「一切を働かせて益としてくださる」とも、それらは「むだではない」とも書かれているのです。

私たちは何のために善を行い、何のために主のわざに励むのでしょうか。「主のわざ」とは何でしょう。福音を直接に伝えるということだけではありません。この地上において神の義を行い、隣人に愛をもって仕えるということです。

それらのことにはどんな意味があるのでしょうか。

モルデカイは、かつて王の門のところにいて、その入り口を守っている二人の宦官が王を殺害するという計画を聞きつけました。モルデカイは躊躇せずにそれをエステルに知らせ、エステルはモルデカイの名で王に報告しました。これによって王の命は守られ、ペルシヤ国家の危機を救済することになりました。しかし、モルデカイはそのことで何の報酬も受けませんでした。

恐らくモルデカイ自身、それによって何らかの報酬を得ようとは思わなかったでしょう。王宮に迎えられたエステルには特に細心の注意を払って、彼女の生まれも民族も明かさないように命じていました。

そういった状況ですから、外国人であり、寄留者である者が、それでいて消極的に生きるつもりはありませんが、特別な待遇を受けるなどと想像もしなかったのではないでしょうか。特にこの時代、寄留者や外国人は、善を行っても当然のこと、間違ったことをすれば、徹底的に制裁を加えられるはめになったと思われます。

そして、王の命を守ること、それはそこに居合わせた信仰者モルデカイにとって当たり前のこと、王宮からの何の音沙汰もなくてしかるべきことと考えたにちがいありません。

彼は、自分が本来住むべき国から離れ、散らされて寄留者であるという立場に甘んじながら、神の民の一員として、一つの民族に属する者であり、たった一つの神の法令に従って生きていました。散らされて、離れ離れになっていても、神の民としてその地に住み、誠実を養い、聖なる民として大胆に生活しているのです。

この法令、この神の聖なる律法がある限り、その民のアイデンティティも、民族も決して滅び失せることはありません。

モルデカイは、その土地に住み、善を行い、国家に関与し、その国の安寧のための使命を忠実に果たしていたのです。後になってネヘミヤを中心にエルサレムの神殿の城壁が修復されて行くことになりますが、そうした神の民の問題にかかわるというような直接的な働きではありません。けれども、彼は神の民として、置かれた場所にしっかりと根ざし、主に召されている者としての使命に誠意をもって応じているのです。直接的な働きであるならば、神のためという大義も手応えもあるかもしれません。

しかし、直接的ではなくても、彼にとっての使命も同様に主のご計画に従って召された者として極めて重要なことなのです。だからこそ聖書はこのモルデカイの存在に焦点を当てているのです。

それでも、日常の営みの中での善がどのようなかたちで報われるのでしょうか。誰にも知られない密かな私たちの誠実やささやかな隣人への奉仕にどんな意味があるのでしょうか。報いを期待してはいないとしても、善を行うその意味をどこに見出せばよいのでしょう。

エステル記の6章はそのことの一端を私たちに教えてくれているように思うのです。

「その夜、王は眠れなかったので」(1節)とあります。

エステルが祈りと断食に支えられながら、勇気を振り絞って、自分の民族の救済のために王の前に立ちました。不思議な神の憐れみにより、王の好意を受けたエステルは、王の笏の先に触れることができました。

そこで、エステルは慎重に事を進めます。

まず宴会を催し、王とハマンを招待しました。けれども、エステルは自分の民族存亡の危機を回避するために、それでもなおすぐには自分の願いを王に明かさず、さらなる宴へ王とハマンを招待するのです。彼女の願いは明日そこでついに明らかにされるという、巧みな先送りを試みたのです。

そして、その夜は不思議な夜となりました。このユダヤ民族の危機の迫る緊張の夜、さらに加えるならば、相変わらずハマンに一貫した態度を示し続けるモルデカイを亡き者にしようと、彼をつるす二十メートルを越える柱が立てられた、その夜、いずれのことも知らない王が眠れなかった、というのです。

エステルの設けた宴会の余韻や興奮からでしょうか、それとも明かされなかった彼女の命がけの願い事への強い関心からでしょうか、王は目が冴えて、宮廷で起こったことが記録されている公文書、つまり「記録の書、年代記」（1節）を朗読させることにしたというのです。

そして、ついに、あの記憶の彼方に過ぎ去っていたモルデカイの業績に遭遇するのです。

この驚くべきタイミングを偶然と見なすことはほとんど不可能です。心地よい酒宴の席から戻った王が酔いつぶれて眠ってしまわず、かえって眠れなかった、ということ、そういうことがなければ、事は別の方向へと進んで行ったかもしれません。モルデカイはすぐに木にかけられたことでしょう。モルデカイのことを知らない王ということであれば、ハマンはもっと強気に出ることもできたかもしれません。

信仰を持つ読者は、著者があえて記さない尊い神の御名をここに持ち出さないわけにはいきません。

王は尋ねます。

「このために、栄誉とか昇進とか、何かモルデカイにしたか」(3節)

ついに忘れられていたモルデカイの行為の報われる時がきました。王に仕える若者たちは、モルデカイへの報いのないことを知っていました。

モルデカイは、神に仕え、そして異国の王に誠実に仕え、知らずに、自分の敵の攻撃を阻止し大逆転をもたらす善行の布石を打っていました。いや、神がモルデカイの誠実をご自身のご計画に取り込まれたということではなかったでしょうか。

神は、モルデカイの良き業をここで、ご自身のご計画のために用いられるのです。そうでなくても、全知全能の神は、事を最善に導くことがおできになるでしょう。けれども、父なる神は、ご自身の御業のために、人の小さな良き業を用いてくださる、ということです。それは何という名誉なことでしょうか。まさに、「すべてのことを働かせて益としてくださる」ということ、あるいは「自分たちの労苦が、主にあってむだでない」ということです。

皮肉なことに、このようなことのすぐ後に、モルデカイを柱にかけることを王に上奏しようと、ハマンがやってきたと言います。その前ではなく、そのすぐ後でした。これはまさに危機一髪ということでしょう。しかし、危機一髪の大どんでん返しです。

マッコンビルというイギリスの旧約学者は、こう説明しています。

「ここにすでに喜劇的要素がある。舞台にいる登場人物はそれぞれ、自分以外の人間の動機も計画も知らない。モルデカイを昇進させようという王の計画をハマンが知らないのと同様、王もモルデカイを抹殺しようというハマンの情熱に気づかない。ただ読者のみが、この絶妙なアイロニーとサスペンスを味わうことができる。二人のうちどちらが先に口を開き、もう一方を幻滅させるのだろうか」

すると、王が先手をとりました。

「王が栄誉を与えたいと思う者には、どうしたらよかろう」（6節）

栄誉の対象は伏せられたままでした。うぬぼれの強いハマンは、自分以外に誰があろうかと考え、対象者が明かされていないことを良いことに、自分に対する法外な栄誉を提案します。

「王が着ておられた王服を持って来させ、また、王の乗られた馬を、その頭に王冠をつけて引いて来させてください。その王服と馬を、貴族である王の首長のひとりの手に渡し、王が栄誉を与えたいと思われる人に王服を着させ、その人を馬に乗せて、町の広場に導かせ、その前で、『王が栄誉を与えたいと思われる人はこのとおりである』と、ふれさせてください」(8～9節)

この進言は、その栄誉を受ける者が王と同等の立場にある者であるかのように扱うことでした。王冠を戴いた馬は古代オリエントのレリーフから知られていて、それも王位を象徴するものとされていたようです。

こうして話は山場を迎えます。これほどまでに無謀な提言ですが、それを王はすんなりと受け入れて、その栄誉を惜しみなく、ハマンではなく、モルデカイに授けようとするのです。「あなたが言ったとおりに、すぐ王服と馬を取って来て、王の門のところにすわっているユダヤ人モルデカイにそうしなさい」(10節)

今、ハマンが持ち出そうとした名前を王の口から聞くとは思いもよりませんでした。王は、民族名も含めて「ユダヤ人モルデカイ」と言います。ハマンの陰謀など何も知らない王のユダヤ人に対する姿勢が、ハマンの前で明らかにされました。王はモルデカイを恩人と考え、ユダヤ人に親愛の情を示しているのです。

そして、駄目押しで「あなたの言ったことを一つもたがえてはならない」(10節)と加えます。

原文は、「一つも落としてはならない」と訳せますので、そのほうが日本語とうまくつながるような気もします。

柱を立てて、モルデカイをそれにかけようとやってきたハマンは、自分の用向きどころではありません。そればかりか、そのモルデカイに関する全く予想外の王の命令に言葉を失ってしまいました。

おしゃべりで、自分の感情を制御することのできないハマンです。しかし、ここでは、必死に自分を制し、黙って黙々と王の命令を遂行するハマンの様子が目に浮かぶように巧みに描かれています。

どんな思いだったでしょうか。自分のためにもくろんだ法外な褒美が、憎むべきモルデカイのものとなりました。しかも、それを自分の手で渡さなければならないというのは、何という道化でしょう。

モルデカイにとっても、気の抜けたハマンがやって来て、そぐわぬ異郷の王服を着せられ、王冠を戴いた馬に乗せられ、「王が栄誉を与えたいと思われる人はこのとおりである」と叫ばれても、わけがわからなかったのではないでしょうか。そんな栄誉に神の民であるモルデカイは少しもうれしいとは思わなかったでしょう。頭を下げるつもりのないハマンが自分に仕えている姿に戸惑いを覚えていたかもしれません。

それでも、エステルの救済策が功を奏して、事は勝利へと導かれつつあることを感じ取っていたのではないでしょうか。そしてモルデカイは、そのまま王の門に、つまり自分の任に戻り、ハマンは嘆いて、頭をおおい、急いで家に帰った、と記されています（12節）。

モルデカイはそのことで有頂天になりません。静かに自分の場所に戻ります。

しかし、ハマンは自分の家と仲間のところへ戻ります。そこにしか、自分が慰められる場はないのです。一部始終を妻とすべての友人たちに話して、憂さを晴らそうとしました。彼のおしゃべりが再び戻ります。

けれども、すでにこの妻も友人たちもハマンに彼の敗北を宣告するのです。王は明らかにユダヤ人モルデカイの側に立っています。彼は王の命の恩人であるからです。そこには確固たる勝利の布石が置かれ、それによってすべてが大どんでん返しとなることに、ハマンも、そしてモルデカイですら気づきませんでした。

改めて、「ですから、私の愛する兄弟たちよ。堅く立って、動かされることなく、いつも主のわざに励みなさい。あなたがたは自分たちの労苦が、主にあってむだでないことを知っているのですから」というみことばに目を留めたいと思います。「いつも主のわざに励みなさい」と言われることの意味を深く考えさせられます。

事は主がそのご摂理の中に導いておられます。そういう神の摂理を信じる私たちにとっては、むだなことは何一つありません。

神に召された私たちの、神を愛する者としての言動の一切が、そして、ささやかな隣人への誠実が、主の大きなご計画の中で用いられるということなのです。

その具体的な行為の報酬や結果を期待する、という以上に、偉大な神の御業に、私たちのようなちっぽけな者の誠実が用いられて、神の御国の建設と勝利のために使っていただけるとすれば、それ自体で、これ以上の名誉なことはありません。

モルデカイがペルシヤの王にしたことが後になって報いられたように、あなたの労苦や善行が必ずいつか報われます、ということが単純に言われているわけではありません。報われるかどうかが問題ではありません。

そうであるよりも、おこがましい言い方かもしれませんが、それでもあえて言えば、神がご自身のご計画を遂行しておられるこの世界にあって、私たちが神の御心を求め、良きことを行うことは、主の御業が最善に進められるため、ちょうどよい時に主がお用いになる手段や道具にもなり得るということです。

モルデカイのなした王に対するささやかな善意が、ハマンに対して決してひれ伏さないというベニヤミン人モルデカイとしての信仰上のこだわりを擁護し、しかも彼の命を救うばかりか、国家存亡の危機を回避するという、神の摂理の御業のために用いられた、ということです。

ある説教者は、別の視点から、「ですから、良いことをする機会が与えられ、人々に尽くす機会が与えられても、そのことのゆえに報いを期待するのではなくて、主が私たちを恵んでくださって奉仕することが許されたと考えるべきではないでしょうか」と語っています。

このことも重要な視点だと思います。そこにも神の偉大な摂理が覚えられています。神の摂理の中で生かされているという理解が私たちの中でもっともっと深められなければなりません。モルデカイの誠意にしてみても、考えてみれば、神がこの人を召して、この人に信仰を与え、神の法令に生きるように導かれ、エステルという養女を育て上げるように任され、それから、王の門のところに置かれたのです。

とすれば、彼の労苦も、彼の性格も、それらの一切が、神によってそのように備えられ、すべて神の恵みによって主に仕えることを許されていた、ということであるはずです。だから、モルデカイが喜ぶべきは、彼の労苦が報われることよりも、神の恵みのご計画に取り込まれているという驚くべき名誉を得ているということではないでしょうか。

主のために奉仕することが許されているという恵み、それは何という幸いでしょうか。

私たちが家族の中に遣わされていることも、配偶者の片割れであることも、子どもにとって親であることも、親にとって子どもであることも、誰かの隣人として遣わされていることも、痛みを持つ者の傍らに寄り添うことも、社会の中に置かれていることも、あるいは王の門に置かれていることも、国家の働きにかかわることにおいても、すべて神が召しておられること、「良いことをする機会」を許して、私たちに「主のわざ」に励むようにとの、特別の栄誉を与えてくださっているということなのです。

しかも、私たちの誠実や善意が、やがてこの世を支配する悪の力を打ち破り、形勢を逆転する恵みの「布石」として主に用いられるということをも、これは示唆していると思われます。

事はモルデカイのハマンに対する強硬な態度に始まったとも言えるかもしれません。けれども、そのことを通して、実は、ペルシヤに継続的に存在し続けるユダヤ民族への蔑視や憎悪が、ペルシヤ王の権威に保障されて、一時ではありながら、収められ、神の民の平和が確保されるということにつながっていくのです。

そして、それまで勇気がなく自分をユダヤ人であると公言できなかった大勢のユダヤ人が、この異郷の地で、自らを大胆に明かすことができるようになったというのです。

「ですから、私の愛する兄弟たちよ。堅く立って、動かされることなく、いつも主のわざに励みなさい。あなたがたは自分たちの労苦が、主にあってむだでないことを知っているのですから」

私たちの歴史を動かし、この世界の一切を支配して、ご自身の目的を遂行しておられる聖なる神の摂理を信じておられるでしょうか。また、漠然とではなく、私たちの具体的な日常にも関与され、私たち一人一人を主の最善のご目的のために召して、それぞれの置かれている場で、摂理の尊い御業に参与させてくださる父なる神をご存知でしょうか。

エステルのように、時に「できないことのために召されている」と感じることがあっても、結局のところ主が御業を行ってくださいます。

摂理を信じるならば、主の邪魔をしないようにと恐れつつ、言動を慎みながら、それでもなお、どのようなことであっても、いちいち「主のわざ」にかかわらせていただく幸いと特権を覚えながら、そういう視点で、置かれている場での働きや歩みを見詰め直したいと思います。

それらはすべて「主のわざ」なのです。

「ですから、私の愛する兄弟たちよ。堅く立って、動かされることなく、いつも主のわざに励みなさい。あなたがたは自分たちの労苦が、主にあってむだでないことを知っているのですから」

7 主にだけ仕えよ

エステル記7章

詩篇の28篇は、信仰者が神に拠り頼み、神に仕えることの意味を教えている重要な詩篇です。その7節で、ダビデは「主は私の力、私の盾。私の心は主に拠り頼み、私は助けられた。それゆえ私の心はこおどりして喜び、私は歌をもって、主に感謝しよう」と歌っています。

私たちは「主に拠り頼む」ということが信仰者の生き方であることを繰り返し教えられてきていると思います。けれども、突然、困難を経験したり、緊張を強いられたりすると、とっさに自分の知恵や悟りに頼ってしまい、神に祈ることも、神の助けを求めることも忘れて、ただひたすら自分で何とかしようと必死になってしまうのではないでしょうか。

予期しない時はなおさら、何かの問題に直面すると、考える余裕もなく、感情が先走り、古い自分の性質が前面に飛び出します。完全に古い自分が内側を支配して、「主に拠り頼む」などということを実行に移す余裕はありません。

ダビデは、この詩篇の冒頭においても、「主よ。私はあなたに呼ばわります」と歌っていますが、神に向かって「あなたに呼ばわります」という、この表現ですら、自分の知恵や悟りに頼りがちな私たちへのチャレンジになると思います。

戦いに遭遇した時、私たちは誰に呼ばわるのでしょうか。

あるいは、ダビデは、「彼らのすることと、彼らの行う悪に従って、彼らに報いてください」(4節)とも言います。つまり、報復や復讐心ですら神に預けてしまって、神がそれをしてくださるようにと願っています。

こうした詩篇を読むときに、そこに自分の弱さを認めて、その弱さに対する主からのチャレンジとして受け止めることができるでしょうか。私たちは「主に拠り頼む」生き方を学ばなければなりません。そして、「主に拠り頼む」選択が、本当は私たちの最善となるという事実を、もっともっと経験しなければならないと思います。

その経験の積み重ねが、私たちの信仰をこれまで以上にさらに強固なものにするはずです。まさに主への信頼が豊かにされるということです。

ところで、そうした聖書のメッセージは私たちにとって容易に理解できることとして、実は詩篇の28篇には、その先があるのです。そしてそのことがこのエステル記の7章の主題と深くかかわっていることと思われます。

ダビデは、この28篇で、最後に「どうか、御民を救ってください。あなたのものである民を祝福してください。どうか彼らの羊飼いとなって、いつまでも、彼らを携えて行ってください」と述べているのです。

初めこれを読んだときに、これまでの「主に拠り頼む」というメッセージと、この最後はどのようにつながり、どうかかわるのか、よくわかりませんでした。自分の課題を主にゆだねるようにという教えと、神の民の救いという問題がどうつながっているのでしょうか。

私たちはしばしば「主に拠り頼む」というメッセージを自分の個人的な願いや自分の計画、自分の戦いと結びつけて考えてしまいます。

けれども、「神の摂理」という偉大な教えがひとたび私たちの理解の中に入ってくると、実は、これまで持ってきた自分の勝手な願いや自分の計画ということを脇に置くように導かれて行きます。信仰者は、神の御手のわざに目を留めるようになります。私たちは神の永遠のご計画の中に取り込まれて、神の素晴らしい御業の完成にかかわらせていただけるようになるのです。

これが信仰者です。

アブラハムの子孫は、信仰の家族として、その神の恩寵のご計画の中に取り込まれ、神の国のために生きるようになるのです。とすれば、たといダビデが「私の願い」という言い方をしたとして、それは神の栄光のご計画のためであり、私たちもその民として加えられているまさに「神の民」の救いにつながる歩みに置かれている、ということではないでしょうか。

「主に拠り頼む」というメッセージは、自分の願いや自分の戦いからの解放という個人的な問題にかかわることである以上に、その願いや戦いそのものが、神の民としての願いや戦いであって、神の恵みのご計画が進展するために、主におゆだねする、ということではないかと思われます。

私たちが辛い経験をしたとして、単純に、「そのような時に主にゆだねなさい。そうすれば問題が解決し、あなたは幸せになれる」ということがただ個人的に勧められているのではありません。

そうではなく、どんな戦いであれ、どんな悲しみであれ、私たちの戦いはすべて、神の民としての霊的な戦いであって、それに一つ一つ勝利することは、神の民の全体の勝利につながるということなのです。それゆえに、神のご計画がそれによって推進していくということが言われているのです。

ダビデにとって「主に拠り頼む」というのは、神の民全体を動かし、それによって御手のわざを行っておられる主をそこに認めて、自分もその主のわざにかかわらせていただきながら、それらのことと無関係ではない神の民の救いを願っているということなのです。

私たちが今日主の前に携えて来ている重荷も、痛みの課題も、主の民の一員としての重荷であり、課題であって、主に拠り頼みながら、それらをもって主に仕え、主にある勝利を願い求めます。主がそれにお応えになり、勝利を与えてくださるとすれば、それは神の民の救いのご計画が進められることになります。

私たちが、キリストにあって正しい選択をすることも、複雑な人間関係にあって和解に努めることも、病や痛みと格闘することも、孤独に耐えたり、誘惑に負けないよう戦うことも、陰口や批判、あざけりや軽蔑にじっと耐えながら誠実さを保ち続けることも、神の御手のわざに加えられた神の民の全体に仕えていることであり、神の民の救いにつながるということです。

主のしもべが個々の戦いで、主にあって勝利し、サタンを退けることは、主の民の勝利や救いなのです。だからこそ、「主に拠り頼む」ことになるのです。そこに主の御手のわざがなされるからです。

エステルは、二回目の宴会を開きました。王はそこに喜んでやって来ました。

ハマンは、モルデカイの一件で、どん底に突き落とされていましたが、それでも、王妃の宴会に招待されていることに幾らかの慰めを得たかもしれません。

不遜なモルデカイを殺害しようと息まいて王のもとに来たハマンは、そのモルデカイに自分の手で王の栄誉を与える羽目になりました。ハマンにとってこれほど屈辱的なことはありません。しかも、王がモルデカイを恩人と見なしていることがわかり、形勢は逆転してしまいました。

ハマンのユダヤ民族根絶やしの計画を王がはっきりと確認するようなことがあったなら、どうなるのでしょうか。

けれども、今のところは王の信頼ばかりか、王妃エステルの招待を受けて、依然彼の立場は保たれ、重んじられているように感じられ、今後の対策をこれから練ろうと考えつつも、王の宦官の促しで、急いで宴会に向かったのだと思います。

一方、この二度目の酒宴の席でも、王は謎に包まれたエステルの望みへの関心を示しています。「王国の半分でも、それをかなえてやろう」（2節）という表現は、古代オリエントの単なる美辞麗句ではなく、本気でエステルにその気前の良さを示していることと思われます。けれども、エステルは、そうした「王国の半分」に対する望みによって自分自身を見失うことはありません。彼女は本来的な自分の使命と立場をわきまえているのです。

エステルはここでも極めて慎重に言葉を選び、王の好意を得ようと丁寧に答えています。「もしも王さまのお許しが得られ、王さまがよろしければ、私の願いを聞き入れて、私にいのちを与え、私の望みを聞き入れて、私の民族にもいのちを与えてください」（3節）

彼女は、これまでもそうでしたが、ここでも命がけで王に語りかけています。しかも、「私にいのちを与え、私の望みを聞き入れて、私の民族にもいのちを与えてください」と言うのです。なぜ、「私にいのちを与え」と言うのでしょうか。彼女は、王妃として、王宮に住んでいて、ユダヤ人の交わりの外に置かれ、黙っていれば安全圏に置かれているということにならなかったでしょうか。

しかし、このことに関して、すでに彼女はモルデカイが語った言葉を自分のものとしていたのです。モルデカイは、かつて彼女に言いました。

「あなたはすべてのユダヤ人から離れて王宮にいるから助かるだろうと考えてはならない。……あなたも、あなたの父の家も滅びよう」

彼はそう言いました。つまり、あなたは神の民の一員であって、決して個人ではない、ということなのです。あなたは神に選ばれ、神の民に加えられ、たとえ散らされて離れ離れになっていても、一つの民族に属し、あなたの中には、どの民族とも違っている一つの法令がある、とモルデカイはエステルに迫ったということです。

だから、神の民が滅びるとすれば、あなたもまた滅びることになる、というわけです。自分の幸せだけを求めるような生き方は、もはやあなたの生き方ではない。それはあなたとは全く無関係の生き方だ。あなたは神の民として選ばれ、神の民に加えられ、神の御業の中に取り込まれているのだ、と言われているのです。

王妃エステルは、ペルシヤの王妃という立場に置かれながら、「私にいのちを与え……私の民族にもいのちを与えてください」と王に願います。「私も私の民族も、売られて、根絶やしにされ、殺害され、滅ぼされることになっています」（4節）と続けます。

もはや個人としての問題ではありません。エステルは自分の民と一つになり、個人のいのちと自分の属する神の民のいのちを一つとして扱います。

私たちの主とのかかわりにおいて、個人的なかかわりに終始することが多いように思います。確かに神は私たち個人に語りかけてくださいました。私たちは個人としてこの世から召し出されたのです。それまでこの世の集団に属していましたが、神との一対一のかかわりを与えられ、他の誰かではない、私自身に神はかかわってくださいました。そして、今も、私たち個人に語りかけ、個人的な交わりを許してくださいます。しかも、私たちの個人的な願いや要求に、かかわり続けてくださいます。

けれども、そうした私たち個人は、今度は神の民の中に加えられ、霊的な神のイスラエルとして、神の聖なる民として、主の永遠のご計画と摂理の御業に取り込まれ、神の御国の建設の事業に加えられたのです。「信仰的連帯意識」ということでしょうか。

自分のことで精一杯と私たちは考えるかもしれません。けれども、その「自分のこと」は、よくよく考えると主が私たちにゆだねてくださっている課題でもあるということです。

それを自分の肉的な思いの中に取り込んで、自分が右往左往し、自分で苦しみ、自分にできる限り引き寄せて終わらせてしまうのか、それとも、それを主の民のためのものとして扱うかということでもあるのです。

私たちが苦悩したり、悩んだり、戦ったりする、それらの一切のことは、単なる私たちの個人的な問題なのでしょうか。

それとも、その戦いの中で、私たちが、それらを主にゆだね、主にある勝利を求めながら、私たちが霊的な判断力を与えられたり、訓練を与えられたり、他の人の慰めとなったりすることは、やはり神の民の祝福や救いにつながることにならないでしょうか。

主が「わたしの力は、弱さのうちに完全に現れる」（Ⅱコリント12・9）とパウロに言われたことは、やはりパウロの個人的な戦いが、主の民のためでもあることを教えてはいないでしょうか。

主イエスが、イエスを裏切ろうとするペテロに、「わたしは、あなたの信仰がなくならないように、あなたのために祈りました。だからあなたは、立ち直ったら、兄弟たちを力づけてやりなさい」（ルカ22・32）と言われました。

それはペテロの裏切りの後の悔い改めと勝利が、他の弟子たちの救いと無関係ではないことを示してはいないでしょうか。

私たちが主の民の一員であることの自覚を持つ時に、「私にいのちを与えてください」との願いは、「私の民にもいのちを与えてください」という祈りにどこかでつながるはずです。

自分の人生や自分の家族の人生のことを考えながら、それらの究極の目標が神の民としての使命を果たさせていただくためということと少しも関係がないとすれば、その選択はキリスト者としては全く意味のないことだと思います。

かつて、私たちは、私たちのいのちの目的は何かということで悩んでいたはずです。どうしてこの世に生を与えられ、どうして私たちは生きているのでしょうか。そして、キリストに出会って、そのいのちの意味を教えられたのではなかったでしょうか。

主の栄光のために、ということが聖書に語られています。それなのに、それを知識として知りつつも、私たちの歩みが、結局その本来の目的を取り戻しておらず、以前のままであるとすれば、それはキリストのいのちに生きることではありません。

どこでキリスト者としての使命を果たし、その証を立てることになるのでしょう。

学ぶことも、働くことも、家庭を持つことも、子どもを養育することも、ありとあらゆることにおいて、それが神のみむねが行われるためなのか、それとも単に個人としての幸せのためなのか、そうした理解の違いは、私たちの具体的な選択に表れるでしょうし、そして、キリストの召しを信じる私たちの信仰の有無に深くかかわっています。

エステルは自分の同胞のために、自分の命を懸けました。

ハマンとモルデカイの件についてエステルがどれだけその内容を知っていたかはわかりません。

たといアハシュエロス王がモルデカイを恩人と考え、彼に栄誉を与えたとして、それを知らされても、エステルの使命が終わったわけでも、王の愛顧を得て、その成功の保証を得ているわけでもありません。下手をすれば王に疑惑を抱かせて、かえって命を落とすかもしれないのです。けれども、神の民のため、主にゆだね、主に仕えるために、勇気をもって、命がけで王に事の真相を明かそうとするのです。

「私も私の民族も、売られて、根絶やしにされ、殺害され、滅ぼされることになっています。私たちが男女の奴隷として売られるだけなら、私は黙っていたでしょうに。事実、その迫害者は王の損失を償うことができないのです」（4節）

エステルは、あくまでも知恵を働かせて、王の立場で説明します。男女の奴隷として売られるだけならば、彼女自身、それに耐えようと言います。その場合は、売れば、利潤がついてきて、王の益ともなるかもしれません。

けれども、殺害され、滅ぼされるとすれば、そのための損失は王にとって計り知れないものとなり、それをもくろむ者がその損失を償うことはできない、と言うのです。

恐らく、モルデカイから聞いたハマンの提案、つまり、ハマンがユダヤ人を滅ぼすために、王の金庫に納めると約束した銀一万タラントのことが意識されているのだと思います。それだけでは償うことにはならないほど大きな損害となる、と訴えます。

エステルは王を信頼しているわけではありません。信仰を共有することのないペルシヤの王が、どのような反応をするかわかりません。かつて、自分のメンツで、妻である王妃ワシュティを退けた王です。

ただ、彼女の背後の断食と祈りのうちにお応えくださる神に拠り頼みながら、実に賢い振舞いをもって、主の民の救済のために王に接近しているのです。彼女は、神に拠り頼み、神に仕え、神の民の一員として、自らの命を捨てて、彼女の十字架を負おうとしているのです。

命がけで神の召しに応じ、神の御心に生きようとする、そういう選択をしているのです。この王から「王国の半分」を求めて、そんなやり方で、事なきを得ようとはしません。

主イエスは、かつてサタンの誘惑に会われたことがありました。その時、サタンは非常に高い山に主を連れて行き、この世のすべての国々とその栄華を見せて、「もしひれ伏して私を拝むなら、これを全部あなたに差し上げましょう」と言いました。

キリストの究極の目的は、確かに世界を治められることです。けれども、この世を支配しているサタンにひれ伏して、それらを受け取るという安易な手段を退けられました。

イエスは答えられました。

「引き下がれ、サタン。『あなたの神である主を拝み、主にだけ仕えよ』と書いてある」

そう言ってサタンを退散させました（マタイ4・8〜11）。

「主にだけ仕えよ」というのは、サタンに仕えることに対する否定であるとともに、自分を喜ばせ、自分の幸せだけを望む、そうした自分に仕える生き方をも退けることです。自分の個人の幸せとか喜びのためにではなく、「主にだけ仕える」という生き方を選び取るということです。

そうして、主は、最終的な目標である世界を治めるということのために、あえて受難の道を選ばれたのです。

つまり、私たちを罪ののろいである死から救い出すために、ご自身のいのちを差し出し、十字架の身代わりの死に向かわれたということです。私たちを罪にいざない、滅びへと導くサタンの恐るべき働きがそれによって封じられ、ついにはサタンの頭が踏み砕かれるのです。

人がどんなに罪を犯しても、キリストの十字架は、それを信じて悔い改める人々を贖い、サタンの支配から解放して、神のものとするのです。

主は、神にのみ仕えられ、人と同じようになられ、私たちの罪をご自分のものとされました。そうして、いのちをささげて、神の民の救いを完成されたのです。キリストは神の御心を生きられたのです。

それは、自分の安全とか、自分の幸いを確保した上で、それから主に対しても、というような生き方でもありません。全面的に主に拠り頼みながら、主の御業のなされることを喜びつつ、その中に置かれた自分のいのちは、神の民のいのちと無関係ではないことを認めて生きることです。

「私にいのちを与え、私の望みを聞き入れて、私の民族にもいのちを与えてください」というエステルの王に対する嘆願は、主イエスが、私たちと同じようになられて、罪人と見なされ、私たちの代表として、私たち人類の救いのためにいのちをささげられたことに通じるものがあります。そのようにして、キリストはご自分を無にして、父なる神にのみ仕えられたのです。

エステルの行動は、神の摂理を信じる者として危機に遭遇した場合の、いわば上級編ということなのかもしれません。けれども、普段の歩みにおいて、いみじくもハマンが評した「散らされて離れ離れになっていても、一つの民族として、どの民族とも違う一つの法令に生きている」という、そういう信仰者の内面の核の問題が問われているのだと思います。

そこに神の御霊が確かに住んでいてくださり、神の国の支配が始まっているのかどうか。そして、神がご自身の民として召された、その召しの意味を知っているかどうか。それによって、私たちは、真の意味で「主に拠り頼み」「主にだけ仕える」という生き方を貫くことができるのではないでしょうか。

アハシュエロス王はついに王妃に尋ねます。

「そんなことをあえてしようとたくらんでいる者は、いったい誰か。どこにいるのか」

エステルはすかさず、「その迫害する者、その敵は、この悪いハマンです」と答えます。「ハマンは王と王妃の前で震え上がった」と書かれています（5〜6節）。ここでハマンは初めてエステルがユダヤ民族出身であるという驚くべき事実に遭遇するのです。

ハマンは必死でした。エステルの長いすにひれ伏して命ごいをするのです。けれども、ハマンを見た王は、もはやハマンの置かれた状況を理解することができません。相手に怒りを覚え、敵意に満たされると、すべてを悪い方向で考えてしまうものです。

王は、ハマンに対して、「私の前で、この家の中で、王妃に乱暴しようとするのか」（8節）と叫びます。もはや、ハマンの弁明の余地はありませんでした。

こうして、ハマンは、自分がモルデカイのために準備した、その柱にかけられてしまいます。この柱に言及した宦官の言葉は、ハマンが王の恩人であるモルデカイをも敵視していたことを王に知らせる手だてとなります。そして、あっという間の終焉を迎えるのです。

この章は、「それで王の憤りはおさまった」という言葉で締めくくられます。

エステル記が描写するアハシュエロス王は感情に支配され、憤りに従って行動する王です。王妃ワシュティを退けることに始まって、ハマンを柱にかけることにおいても、いずれの場合においても王の憤りの感情が詳細に描写されています。後者の場合、憤った王は宮殿の園に出て行く、という描写によって示されています。混乱し、自分自身を制することができないのです。

このことが何を物語っているのかと言えば、王の恩人となったモルデカイや王妃エステルですら、下手をすれば、この王の逆鱗に触れて、同じような運命をたどることになるという緊張を強いられているということです。それゆえに、この王に信頼することにも救いはないことを暗に指し示しているのです。

背後で働いていてくださる主にこそ拠り頼み、「主にだけ仕えよ」ということなのです。

「主は私の力、私の盾。私の心は主に拠り頼み、私は助けられた。それゆえ私の心はこおどりして喜び、私は歌をもって、主に感謝しよう。……どうか、御民を救ってください。あなたのものである民を祝福してください」

8 私たちの格闘

エステル記8章

私たちの歩みには多くの戦いがあります。一つの問題を乗り越えたと思っても、しばらくするとまた別の課題に取り組まなければならないということがあります。同時に複数の重い課題を負わせられるということも起こってきます。

さしずめ大海原を航海する小さな船の船長のようで、ある時は嵐に遭遇し、またある時は氷山の脇をすり抜け、船体の故障や異常に対処したり、浸水を経験したり、乗客のトラブルに応対したり、それは様々です。

小さな子どもたちを見ても、小さいなりに精一杯の緊張を強いられているように見受けられます。小さな世界にあってもそれなりの人間関係において戦っています。親子の関係における戦いもあります。それはあたかも、将来の戦いの備えをしているようにも思われます。そして大人になれば、今度はもっと複雑な戦いを強いられます。

これが私たちの現実です。この世界に罪がある限り、そしてサタンの支配が及んでいる限り、戦いは止むことがありません。

ひどい落ち込みを経験したり、落胆したり、挫折を味わったり、絶望的な思いに支配されたり、傷を負わせられたり、別離の悲しみに暮れたり、それぞれがそれぞれの戦いを戦わなければなりません。他人からひどい批判を受けたり、意地悪な反対者に遭遇したり、疎外や孤独を味わったり、継続的に敵意にさらされたり、そうした戦いにどんな意味があるのでしょうか。

こうした戦いの経験は、キリスト者であろうとなかろうと例外なくすべての人に起こってくる課題です。そして、私たちは、しばしばそうした困難に遭遇しながら、それらの問題に必死に対処しようと奔走し、いちいちこれらの課題の収束のために努めるのです。

パウロという人は、かつて「私は決勝点がどこかわからないような走り方はしていません。空を打つような拳闘もしてはいません」（Iコリント9・26）と言いました。

自分の人生をマラソンのようなレースやボクシングの戦いに譬えて、むだな競争の仕方や、意味のない戦い方をしない、と語りました。どんな使命を生きるにしても、そしてどのような戦いを強いられるにしても、明確な決勝点を目指して走るし、必ずや敵を倒すための有効なパンチを繰り出して戦う、と言うのです。

確かに決勝点がわからないような走り方も、空を打つようなパンチも、真の意味での利益をもたらさないばかりか、自分自身を消耗させてしまいます。意味のない疲労は、私たちの身をついに滅ぼしてしまいます。スタミナが切れて、ぼろぼろになって、疲労困憊して、そうして、ついに敵は私たちに最後のとどめの一撃を加えようと身構えることとなるでしょう。

そうなってしまっては手遅れです。だから、私たちは勝利を得るためにもう一度主にある戦い方を学ばなければなりません。私たちの戦いは、すべて主の戦いのはずです。

「私は決勝点がどこかわからないような走り方はしていません。空を打つような拳闘もしてはいません」と語るパウロは、その前の文章において、「私はすべてのことを、福音のためにしています。それは、私も福音の恵みをともに受ける者となるためなのです」（23節）と語っています。

ここに私たちの戦い方のヒントがあります。

「すべてのことを、福音のためにしています」と言います。その戦いの決勝点においてキリストの「福音」を勝ち取る目的がある、と語られています。そして、自分自身もその「福音」の恵みをともに受けるためだと言います。

こういう見方で、私たちの戦いをもう一度見つめ直してみたいと思います。その戦いの勝利が福音につながることなのか、ということです。福音につながらないとすれば、私たちは敵を間違えているかもしれません。主を敵とすることのないようにと思います。

ある人は、私たちの現実の様々な戦いと「福音」は無関係だと思うかもしれません。ところが、それは決して無関係ではないのです。私たちは神にあって命を与えられ、その主にあってこの地上の生涯を許されているはずです。その私たちに主は、福音の恵みをくださいました。

罪ある私たちです。けれども、イエスは、ご自分のいのちをお捨てになって、私たちの身代りとなられ、神の裁きを受けられました。

だから、私たちの罪は赦され、滅ぼされることなく、この地上での新しい歩みを与えられました。イエス・キリストの十字架の恵みにより、私たちはこの悪の世界から贖い出され、救いの恵みを賜り、神の子とされました。

神の子は、全く新しいいのちの恵みを味わいながら、新しいいのちの再出発を許されたのです。これまでの生き方を捨て、感謝とともに、父なる神を愛し、救い主の栄光のため、神の国の民として、この悪の世界に立ち向かって歩むようになるのです。神の栄光を仰ぎ、その栄光を反映させながら、地の塩、世の光として歩みます。かつての自分と等しく悪の世界の虜となっている人々を憐れみ、それらの人々の解放されることを願い、その救済のために生きるのです。

橋渡しと言いながら、この世の人と同じように生きるのであれば、それは妥協であり、霊的な怠慢であるかもしれません。それは、少しも神の栄光の側に立つことにならないでしょう。

神の国のために戦うために、旧約聖書も新約聖書も一貫して私たちに教えていることは、「神が聖であるから、あなたがたも聖でなければならない」ということです（レビ11・45、19・2、Ⅰペテロ1・16）。私たちは聖徒としてこの世に立たなければならないということです。

そうやって生きる中で起こってくる様々の戦いは、それが、たとい小さく、極めて個人的な戦いであったとしても、なお神の国のための戦いとなってくるのです。なぜなら、その個人の戦いの背後には必ず悪魔の存在があり、あなたや私を誘惑して、悪に加担させたり、主の栄光につながらない選択を強いたりするからです。

しかし、もし逆に、それらの戦いに主にあって勝利するならば、必ずやその勝利は、勝利者の祝福となるばかりか、キリスト者の証となり、主の栄光と神の国の勝利につながる、ということなのです。

あなたがキリストにあって勝利すれば、主の兄弟たちと天上の神の国において喝采が起こるのです。それは、少なからず、この世で主のために戦っている戦友であり、主の家族である信仰者の祝福となり、励ましとなるということです。

「私はすべてのことを、福音のためにしています。それは、私も福音の恵みをともに受ける者となるためなのです」

そうです、私たちがそのように神の国の良きおとずれのために、つまり「福音」のために戦おうとするならば、私たちもこの「福音」の恵みをともに受ける者となるのです。だから、むなしい戦い方をしないように、意味のない苦痛を味わわないように、そして、戦うべき相手を正しく見据えるように気をつけなければなりません。

ついにエステルはハマンの陰謀をアハシュエロス王に明かしました。

この瞬間は、あらゆることで備えられていたということなのでしょう。そういうことが私たちにもあるのではないでしょうか。どうなるかわからない緊張の中で、神の使者として遣わされて、語るべきことを伝えた時、相手の心が開かれていて、そこで思いがけない恵みの経験をすることになるのです。

王はエステルを疑いません。王妃の言葉を信じ、ハマンへの憤りを募らせ、ハマンがモルデカイをつるそうと備えた柱に、彼をかけるように命じました。事はエステルやモルデカイの願ったとおりに進み始めています。こうして、ハマンは、モルデカイのために準備しておいた柱にかけられ、それで王の憤りはおさまった、と書かれています（10節）。

しかし、これで事は完了したということでしょうか。それによって王の憤りはおさまってしまいました。ユダヤ人にとっての真の敵はハマンなのでしょうか。ハマンは確かにモルデカイやエステルの敵でした。

エステルは王に答えて言いました。

「その迫害する者、その敵は、この悪いハマンです」（6節）

それで、王はハマンを柱にかけてしまいました。王の憤りはおさまったのです。けれども、聖書は、そうした内容を収めたエステル記の七章でこの話題を終結しようとは考えません。それから、王はエステルにハマンの家を与えました。また、エステルがモルデカイとの関係を明かしたので、王はモルデカイをハマンの地位に就任させました。ハマンに与えていた王の指輪をモルデカイに渡したとあります。モルデカイが王の配下で全権を握ったということを意味しています。

ユダヤ人のエステルが王妃となり、ユダヤ人のモルデカイが王の次の位に昇格するという驚くべき出来事が起こりました。かつてイスラエルの族長時代に、ヨセフがエジプトの王であるパロの次の位に置かれたこととよく似ています。

そこでは「パロは自分の指輪を手からはずして、それをヨセフの手にはめ、亜麻布の衣服を着せ、その首に金の首飾りを掛けた」（創世記41・42）とありますが、このエステル記の8章15節のモルデカイの登場の記述と非常によく似ています。

しかし、繰り返しますが、ハマンを柱にかけることによって王の憤りはおさまってしまいました。けれども、エステルにとって、また、ユダヤ人にとっては、それですべてが収束したことにならないのです。ハマンがこの問題の首謀者であるにせよ、彼が最終的な敵ではありません。

ハマンを亡きものにしたところで、依然として彼の残した、ユダヤ人根絶やしの書簡が効力を持っていて、彼らに牙をむいているのです。

もっと言えば、ハマンは、ユダヤ人に偏見を持ち、ユダヤ人に敵対する大勢の人々の代表の一人であって、その背後に存在するユダヤ人の敵は、ハマン亡き後も、その書簡の有効性を盾に、ユダヤ民族根絶やしの計画を実行に移そうと身構えていたと思われます。

これが現実なのです。ハマンは氷山の一角にすぎません。

そうした背後の敵もさることながら、一つの法令が書簡に書き留められ、王の印が押され、それが発布されたならば、その法令自体が、特別な手続きを経て取り消されることがない限り、永久にその効力を発揮します。これが契約社会の原則です。

もしそれが素晴らしい法令や約束事であれば、私たちの祝福となります。けれども、恐るべき約束であれば、いつまでもその約束の呪いに呪縛されることになります。

そういう意味で考えると、今から二千年前のキリストの十字架の贖いの新しい契約は、素晴らしい約束であって、二千年経ったこの二十一世紀に生きる私たちに今もなおも恵みの効力を持って、私たちを救いに導いてくれています。私たちはこれによって永遠のいのちの望みを与えられるのです。

二千年前のキリストの十字架が自分とどんな関係を持ち、それにどんな意味があるのかと問われることがありますが、この契約を賜ったキリストご自身が今も生きて、私たちにかかわってくださるという事実とともに、この契約の理解はそれをよく説明してくれるのではないかと思います。それが一旦神によって定められたならば、取り消されることがない限り永遠にその効力を持って、私たちを祝福へと導くのです。

エステルはこのユダヤ人が抱えている今の現実をよく知っていました。それは神の国の民が抱えている現実ということでもあります。ハマンによって定められ、王の印が押されて有効となってしまった呪いの法令が実行に移される日が刻一刻と迫っています。それが取り除かれ、神の国の民の救済がなされなければなりません。

鍵は、その国の王であるアハシュエロス王の印の押された新たな詔書によって、呪いの書簡が無効になることです。そうして、ハマンという氷山の一角の下に潜む大勢の敵を封じることでもあります。

エステルはハマンが柱にかけられたことに満足してはいません。それが最終的な戦いだとは思いません。それによって王の憤りはおさまってしまいました。けれども、エステルの本格的な嘆願はこれから始まるのです。

エステルは、再び王に告げ、その足もとにひれ伏して、泣きながら嘆願した、ということです。

「もしも王さま、よろしくて、お許しが得られ、このことを王さまがもっともとおぼしめされ、私をおいれくださるなら、アガグ人ハメダタの子ハマンが、王のすべての州にいるユダヤ人を滅

ぼしてしまえと書いたあのたくらみの書簡を取り消すように、詔書を出してください」（5節）

それは非常に丁寧な嘆願です。彼女は最後まで誠意の限りを尽くして、この異教徒の王の憐みにすがろうとしています。

この王が、彼女の痛みをどれだけ共有できたか、それはわかりません。実際、彼の応答は、もうこれ以上わずらわせないでくれ、というような投げやりな応答ともとれると言われます。

7節の「ハマンがユダヤ人を殺そうとしたので、今、私はハマンの家をエステルに与え、彼は柱にかけられたではないか」という王の言い方は、自分は十分なことをすでにした、というような表現とも考えられます。

だから、8節からの「あなたがたはユダヤ人についてあなたがたのよいと思うように、王の名で書き、王の指輪でそれに印を押しなさい」という言葉は、ハマンに対する憤りのおさまってしまった王の、恐らく王妃や恩人モルデカイに対してのあくまでも個人的な善意にすぎません。

それでも、エステルは王の承認を得て、ハマンの残した呪いの詔書を取り消すことに成功しました。ハマンに対する個人的な憎しみの処理とか、表面的な解決に安住することなく、根本的な解決を目指しました。

その根本的な解決とは、神の国の民の救済という問題です。彼女の戦いは、ユダヤ民族を救いへと導く戦いなのです。彼女は「決勝点がどこかわからないような走り方はしていません。空を打つような拳闘もしてはいません」。真っすぐに神の民の救済と勝利のために戦うのです。

これは私たちへの大切な比喩でもあります。私たちはそのような戦いをしているでしょうか。その場限りの個人的な幸福に留まってはいないでしょうか。私たちの今の戦いの決勝点を見定めているでしょうか。本当にその戦いの勝利は、神の民の勝利につながるのでしょうか。中途半端な戦いに甘んじて、その場しのぎのような戦いに終われば、やがてその背後に潜む恐るべき敵の刃に打たれてしまうかもしれません。

事なきを得ようとその場限りの戦いを戦い、敵との安易な和平を講じることは、当然、主の御心ではないでしょう。本当の敵はハマンではありません。

ハマンは、本当の敵の手先の一人にすぎず、そうした小さな戦いに勝利するにしても、その背後に恐るべき呪いの詔書が、依然として有効なまま、潜在的な多くの敵の存在とともに、やがて私たちを滅びに向かわせようと牙をむいていることがあるということです。

パウロは、「私たちの格闘は血肉に対するものではなく、主権、力、この暗やみの世界の支配者たち、また、天にいるもろもろの悪霊に対するものです」（エペソ6・12）とも語りました。

そのとおりです。私たちの格闘は、表面的に見えている課題や敵との戦いであるよりも、その背後の力との戦いであるということです。この背後の敵は、この世において主権を持ち、力を帯び、この暗やみの世界を支配し、天にも存在するもろもろの悪霊であるといいます。

この敵を見失ってはなりません。

罪を犯した人間は、神の裁きの呪いのもとに置かれ、そのままであるならば、やがて神の裁きによって滅びるように定められています。悪魔は、そのようにして人間が神から遠ざけられ、退けられ、やがて滅びていくことを誰よりも喜び、それを望んで、神の国に敵対し、戦いを挑んでいるのです。旧い契約においてそれに違反し失敗した神の民は、まさに律法の呪いのもとに置かれているのです。

けれども、イエス・キリストが私たちの罪に対する裁きの呪いを十字架においてその身に受けてくださったので、神の証印を押された新しい契約によって私たちは、その旧い呪いの契約を無効とされ、神の民としての命を得ることになったのです。

私たちは急いで、その新しい詔書をすべての人に知らせ、この恵みに与らなければならないのです。

私たちのあらゆる戦いの中で、表面的な戦いとその突出した敵に翻弄されながら、その背後の恐るべき敵とその力を見据えないで、ただ問題の収束を目標として、空を打つような拳闘を続けるだけでは、消耗し、疲れ果ててしまいます。本当の敵を知って、聖霊の助けをいただいて、神の国のために立とうとしない限り、私たちの真の勝利はありません。

どちらの側に立つのか、そのこともまた大切な選択です。主の栄光のための戦いを雄々しく戦わなければなりません。

もう一度確認していただきたいのです。

「私たちの格闘は血肉に対するものではなく、主権、力、この暗やみの世界の支配者たち、また、天にいるもろもろの悪霊に対するものです」

私たちの小さな戦いですら、本当にそういう戦いであることに気づいておられるでしょうか。サタンがこの世界に存在する限り、私たちが悲しんだり困難と思う一切のことは、この世と神の国のせめぎ合いの中での戦いなのであって、私たちは、神の国の民、神のしもべであり、主の兵士として、すべてのことにおいて、主の栄光のための勝利を目標としなければならないということです。

小さな人間関係における葛藤においてもそうです。あるときには病と戦うことにおいてもそうです。人生の大切な選択をするにしてもそうです。罪の誘惑に打ち勝つことにおいてはなおさらそうです。

ありとあらゆる私たちの戦いは、主がお許しになった戦いであるはずでしょう。とすれば、それらは「血肉に対するものではなく、主権、力、この暗やみの世界の支配者たち、また、天にいるもろもろの悪霊に対するもの」と無関係ではありません。

それゆえに、このみことばの続きとして、エペソ書の6章には「神のすべての武具をとりなさい」（13節）とあります。
「腰には真理の帯を締め、胸には正義の胸当てを着け、足には平和の福音の備えをはきなさい。これらすべてのものの上に、信仰の大盾を取りなさい。それによって、悪い者が放つ火矢を、みな消すことができます。救いのかぶとをかぶり、また御霊の与える剣である、神のことばを受け取りなさい。すべての祈りと願いを用いて、どんなときにも御霊によって祈りなさい」（6・14〜18）

そのように書かれています。これがサタンとの戦いの仕方であるということです。

新たな詔書が、アハシュエロス王の名で書かれ、王の指輪で印が押され、ユダヤ人を含め、すべての州にそれぞれの民族や言語で書き送られました。それが、第三の月の二十三日になされ「速く走る御用馬の早馬に乗る急使に託して送った」（10節）ということです。

それは急いで公示されました。ユダヤ人根絶やしの計画が第十二の月のアダルの月の十三日に実行されることになっていたので、それに十分に間に合いました。しかも、この同じ第十二の月の十三日に、逆にユダヤ人を憎む者たちが征服されることになると定められたのです。

エステルやモルデカイによって、神の民の大逆転の勝利となり、この問題の処理は徹底的になされたということです。

モルデカイは、王からの特別の権威を得て、ユダヤ人たちの前に現れました。それはユダヤ人にとって、「光と、喜びと、楽しみと、栄誉であった」（16節）と書かれています。王の命令とその法令が届き、ユダヤ人の祝宴となり、祝日となったということです。

そして、17節には、「この国の民のうちで、自分がユダヤ人であることを宣言する者が大ぜいいた。それは彼らがユダヤ人を恐れるようになったからである」と書かれています。

初めは、自分をユダヤ人であると公言せずに潜んでいた者たちが、この時とばかりに勇気百倍で、ユダヤ人であると宣言し始めた、ということだろうと考えていました。

けれども、これはそれ以上のことで、どうやら、ペルシヤ人たちの中に、ユダヤ人のふりをする者が大勢いた、という意味か、それとも、ユダヤ人の慣習や生き方、信仰を受け入れて、転換を図る者が大勢現れたという意味であると考えられるようです。

けれども、その理由は「ユダヤ人を恐れるようになったから」とありますから、王の法令のゆえに、自分たちの身の安全のためにそうしたということであって、真の意味での信仰上の回心が起こったわけではなかったとも思われます。

それはそうとして、私たちも主の戦いを徹底的に戦う者でありたいと思います。

本当の勝利を得るためには、真の敵を見定めること、戦いの決勝点を、つまりそれが主の福音のためであることを見失わないこと、空を打つようなむなしい拳闘をしないこと、御霊の与える剣である、神のことばを受け取ることをもって、すでに約束されている勝利をいただく戦いをしたいと思います。

私の戦いではなく、主の戦いを主が戦ってくださいます。アーメン

「あなたがたは、世にあっては患難があります。しかし、勇敢でありなさい。わたしはすでに世に勝ったのです」（ヨハネの福音書16章33節）

あとがき

「もしかすると、この時のため」というモルデカイの言葉は、神の栄光を生の究極の目標とするすべての人間が、そして、神が祝福のご目的をもってこの世界を間違いなく治めておられると信じる信仰者であるならばなおのこと、常にあらゆる局面で考慮すべきことではないだろうか。

特殊な事態においてばかりではない。たとい個人の小さな決断の際にもそうなのである。それこそ主にあって積極的な生である。主に用いられたいのである。そこには、主がこの貧しい小さな者をご目的のためにどうお用いになるかという期待感もある。

どのような展開となるかは知らされていない。だからそれはあくまでも「もしかすると」なのである。しかし、それでいい。主の主権を、そしてその最善を信じ、信頼するのである。

当然のことながら自分の考えが絶対ではない。誤った判断やわがままな願いを押しつけるわけにはいかない。といって、タラントを土の中に隠すつもりもない。

わからないから一歩踏み出して、結局、潔い撤退を強いられることもあろう。それでも主の

「お入用」に応じたいのである。

それとともに、ここには冒険的な要素もある。エステルが、自分の民のために命がけで王の笏を目指したように、勇気をもって、恐れを克服し、時に命すら投げ出す覚悟が求められる。臆病者、小心者は主の兵卒に連なることはできない。

「自分のいのちを救おうと思う者は、それを失い、わたしのために自分のいのちを失う者は、それを救う」（ルカ9・24）とは、キリストご自身が十字架の上で身をもってお示しになったキリスト者の信仰のかたちであるはず。

信仰者は愛をもって真理に立たなければならない。それも絶対的な真理にである。天国もあれば地獄もある。救いはキリストの十字架による贖いにしかない。あることが正しければ、その反対は誤っている。それをあのバプテスマのヨハネや預言者ナタン、その他の聖徒たちのごとくはっきりと告げなければならない。

愛がない、と責められるかもしれない。しかし、決してそうではない。そうやって相手を真の祝福に立たせるためなのである。

教会は、聖書に従って、その聖さを維持するために、戒規を真に重んじなければならない。赦しと回復を目指しながら、聖書が教えているとおり、それは必ず実行されなければならない。求められているのは、愛の交わりという以上に、聖徒の交わりなのである。

また、新生の教理は特に重要である。真の悔い改めがなく、贖罪の意味もわからない人を、慌ててキリスト者とすること、その人に洗礼を授けることは極力避けなければならない。配慮の名のもとか、それとも伝道の成果を意識するためか。しかし、そのようなことをすれば、教会も本人も後々苦労することとなる。

新生していないままでは、霊的なことを解する力がないので、たとい常識的な判断に長けていたとして、恐れなく礼拝を軽んじ、そこで必死に自己の居場所を探し求めながら、しばらくして去っていくか、居すわって、あらゆる教会の判断に批判的な態度を取るようになる。それによって教会は真の成長を阻まれたり、不必要な痛みを味わうことがある。

だから、問題を先延ばしにしたりせず、初めから真理を貫かなければならない。受洗者が何人起こされるかというような単純なことではない。私たちは真の新生を見なければならないのである。新生の恵みに与り、御霊を宿した人は、その人格のあらゆる側面に霊的な影響を受けるはずである。そこにこそ、真の救いがある。本当に救われてほしいのだ。

「はいは、はい。いいえは、いいえ」であって、それ以上は悪いと主は言われる。果たして主からの霊かどうかを見抜く霊的洞察力を御霊の賜物として願い求める必要がある。人を恐れてはならない。今こそ信仰に基づいて、真理に立つ勇気が求められている。

「もしかすると、この時のため」といちいち問うことは、どこまでも主の恩寵のご計画に生かされたいと願い、主のみことばに全身全霊服従しようと求める信仰者の必然なのである。同胞に断食を願い出て、「死ななければならないなら、死にます」と覚悟を決めたエステルを、主はすでにそのように用いようとしておられた。先行する主の素晴らしいご計画に間に合う者でありたい。

スポルジョンは、彼が出席したある安息日の礼拝で、それと知らない説教者によって、自分の説教が断りもなく用いられた時、しかしその説教を聞いて、彼の魂は揺さぶられ、無上の喜びに満たされたという。彼は、説教者として立つことができても、自分で語っているそのみことばに自分自身で果たして応答する者とされているのかと苦しんでいたということである。そして、その日に、彼の悩みは解消され、主の幸いを得た。

体調が思わしくなく、主治医の勧めに従って、牧会生活で初めて礼拝を休んだ。その日は、礼拝の時間に合わせて、付き添ってくれている家内とその日の式次第に沿って、みことばを読み、祈った。

それから、まだ校正を終えていない、といってもすでに和泉の礼拝で語ったものであるが、このエステル記の説教の一つを家内に読んでもらった。そして、二人で主の憐れみに与かった。熱い涙が溢れて止まらなかった。もはや自分が書いた説教ではなかった。主の愛が突然迫って来て、御霊ご自身が私たちの魂を揺さぶってくださったように感じた。みことばに共鳴し、反応できる自分が本当に嬉しかった。

どうか願わくは、特に、勇気を必要としている人、導きを求めている人、主にある決断を求められている人が、本書を通して、みことばそのものの恵みに出会い、御霊のお取り扱いを受け、「もしかすると、この時のため」と、主の召しに、喜びをもって応じることができるように。


最後に、本書のあとがきの執筆にあたっては、都立神経病院の清水俊夫先生をはじめとして、親切な看護師や療法士の方々に大変お世話になったことを記しておきたい。特に本間武蔵作業療法士は、片手で操作できる文書入力の手段を講じて、病床でのこの執筆を可能としてくださった。その他、私の声のサンプリングもパソコンの中に備えられているのだから驚きである。必要なすべてが備わっている。不思議なほど整えられている。初めから治療にたずさわってくださる救世軍清瀬病院の加藤修一先生との出会いも主の優しいご配剤である。

和泉福音教会の役員会の素晴らしいチームワークと教会員のお一人お一人のもったいないほどの愛に感謝している。

出校できず大変ご迷惑をおかけしている神学舎の教師会の先生がたや学生たちの尊いお祈りとご配慮に御礼申し上げる。

諸教会に役員会を通して発せられた祈りのリクエストに応じて、祈ってくださっている大勢の方々に心から感謝している。

愛する家族に力が与えられるように。嘉せられた信仰を期待し育て、なおも祈り続けてくれる父や母に心から感謝。

私の子どもたち、恵理や道信が主との深い交わりの中で育まれ、福音信仰を貫き、右にも左にもそれず、喜んで主の証人となるように。

主が与えてくださったこの上ない同労者、恵みのパートナーである家内に感謝しつつ。

愛する主の御名に栄光があるように

二〇〇七年一月

都立神経病院9A病棟にて

遠藤　嘉信

遠藤嘉信（えんどう・よしのぶ）

1959年静岡県に生まれる。

聖書神学舎、ゴードン・コンウェル神学大学院、セントポール＆セントメアリー大学博士課程を経て、聖書ヘブル語動詞の研究により英国ブリストル大学から哲学博士号（Ph.D）取得。

日本同盟基督教団和泉福音教会牧師、聖書神学舎教師（旧約聖書）を務める。

2007年６月23日召天。

著書に、『主の御顔を避けて』『ヨセフの見た夢』『さあ、天を見上げなさい』『私を祝福してくださらなければ』『初めに、神が』、The Verbal System of Classical Hebrew in the Joseph Story: an Approach from Discourse Analysis (Studia Semitica Neerlandica 32; Van Gorcum, 1996) などがある。

もしかすると、この時のため
――際に立つエステルとその勇気

2007年４月15日発行
2020年９月10日５刷

著　者　遠藤嘉信
印刷製本　モリモト印刷株式会社
発　行　いのちのことば社
〒164-0001 東京都中野区中野2-1-5
電話 03-5341-6923（編集）
03-5341-6920（営業）
FAX 03-5341-6921
e-mail:support@wlpm.or.jp
http://www.wlpm.or.jp/

ISBN 978-4-264-02545-0